心一堂術數古籍珍本叢刊 總序

術數定義

術數，大概可謂以「推算、推演人（個人、群體、國家等）、事、物、自然現象、時間、空間方位等規律及氣數，並或通過種種『方術』，從而達致趨吉避凶或某種特定目的」之知識體系和方法。

術數類別

我國術數的內容類別，歷代不盡相同，例如《漢書・藝文志》中載，漢代術數有六類：天文、曆譜、五行、蓍龜、雜占、形法。至清代《四庫全書》，術數類則有：數學、占候、相宅相墓、占卜、命書、相書、陰陽五行、雜技術等，其他如《後漢書・方術部》、《藝文類聚・方術部》、《太平御覽・方術部》等，對於術數的分類，皆有差異。古代多把天文、曆譜、及部份數學均歸入術數類，而民間流行亦視傳統醫學作為術數的一環；此外，有些術數與宗教中的方術亦往往難以分開。現代學界則常將各種術數歸納為五大類別：命、卜、相、醫、山，通稱「五術」。

本叢刊在《四庫全書》的分類基礎上，將術數分為九大類別：占筮、星命、相術、堪輿、選擇、三式、讖緯、理數（陰陽五行）、雜術。而未收天文、曆譜、算術、宗教方術、醫學。

術數思想與發展——從術到學，乃至合道

我國術數是由上古的占星、卜蓍、形法等術發展下來的。其中卜蓍之術，是歷經夏商周三代而通過「龜卜、蓍筮」得出卜（卦）辭的一種預測（吉凶成敗）術，之後歸納並結集成書，此即現傳之《易經》。經過春秋戰國至秦漢之際，受到當時諸子百家的影響、儒家的推崇，遂有《易傳》等的出現，原本是卜蓍術書的《易經》，被提升及解讀成有包涵「天地之道（理）」之學。因此，《易・繫辭傳》曰：「易與天地準，故能彌綸天地之道。」

漢代以後，易學中的陰陽學說，與五行、九宮、干支、氣運、災變、律曆、卦氣、讖緯、天人感應說等相結

合，形成易學中象數系統。而其他原與《易經》本來沒有關係的術數，如占星、形法、選擇，亦漸漸以易理（象數學說）為依歸。《四庫全書・易類小序》云：「術數之興，多在秦漢以後。要其旨，不出乎陰陽五行，生尅制化。實皆《易》之支派，傅以雜說耳。」至此，術數可謂已由「術」發展成「學」。

及至宋代，術數理論與理學中的河圖洛書、太極圖、邵雍先天之學及皇極經世等學說給合，通過術數以演繹理學中「天地中有一太極，萬物中各有一太極」（《朱子語類》）的思想。術數理論不單已發展至十分成熟，而且也從其學理中衍生一些新的方法或理論，如《梅花易數》、《河洛理數》等。

在傳統上，術數功能往往不止於僅僅作為趨吉避凶的方術，及「能彌綸天地之道」的學問，亦有其「修心養性」的功能，「與道合一」（修道）的內涵。《素問・上古天真論》：「上古之人，其知道者，法於陰陽，和於術數。」數之意義，不單是外在的算數、歷數、氣數，而是與理學中同等的「道」、「理」——心性的功能，北宋理氣家邵雍對此多有發揮：「聖人之心，是亦數也」、「萬化萬事生乎心」、「心為太極」。《觀物外篇》：「先天之學，心法也。……蓋天地萬物之理，盡在其中矣，心一而不分，則能應萬物。」反過來說，宋代的術數理論，受到當時理學、佛道及宋易影響，認為心性本質上是等同天地之太極。天地萬物氣數規律，能通過內觀自心而有所感知，即是內心也已具備有術數的推演及預測、感知能力；相傳是邵雍所創之《梅花易數》，便是在這樣的背景下誕生。

《易・文言傳》已有「積善之家，必有餘慶；積不善之家，必有餘殃」之說，至漢代流行的災變說及讖緯說，我國數千年來都認為天災，異常天象（自然現象），皆與一國或一地的施政者失德有關；下至家族、個人之盛衰，也都與一族一人之德行修養有關。因此，我國術數中除了吉凶盛衰理數之外，人心的德行修養，也是趨吉避凶的一個關鍵因素。

術數與宗教、修道

在這種思想之下，我國術數不單只是附屬於巫術或宗教行為的方術，又往往已是一種宗教的修煉手段——通過術數，以知陰陽，乃至合陰陽（道）。「其知道者，法於陰陽，和於術數。」例如，「奇門遁甲」術

中，即分為「術奇門」與「法奇門」兩大類。「法奇門」中有大量道教中符籙、手印、存想、內煉的內容，是道教內丹外法的一種重要外法修煉體系。甚至在雷法一系的修煉上，亦大量應用了術數內容。此外，相術、堪輿術中也有修煉望氣色的方法；堪輿家除了選擇陰陽宅之吉凶外，也有道教中選擇適合修道環境（法、財、侶、地中的地）的方法，以至通過堪輿術觀察天地山川陰陽之氣，亦成為領悟陰陽金丹大道的一途。

易學體系以外的術數與的少數民族的術數

我國術數中，也有不用或不全用易理作為其理論依據的，如楊雄的《太玄》、司馬光的《潛虛》。也有一些占卜法、雜術不屬於《易經》系統，不過對後世影響較少而已。

外來宗教及少數民族中也有不少雖受漢文化影響（如陰陽、五行、二十八宿等學說）但仍自成系統的術數，如古代的西夏、突厥、吐魯番等占卜及星占術，藏族中有多種藏傳佛教占卜術、苯教占卜術、擇吉術、推命術、相術等；北方少數民族有薩滿教占卜術；不少少數民族如水族、白族、布朗族、佤族、彝族、苗族等，皆有占雞（卦）草卜、雞蛋卜等術，納西族的占星術、占卜術，彝族畢摩的推命術、占卜術……等等，都是屬於《易經》體系以外的術數。相對上，外國傳入的術數以及其理論，對我國術數影響更大。

曆法、推步術與外來術數的影響

我國的術數與曆法的關係非常緊密。早期的術數中，很多是利用星宿或星宿組合的位置（如某星在某州或某宮某度）付予某種吉凶意義，并據之以推演，例如歲星（木星）、月將（某月太陽所躔之宮次）等。不過，由於不同的古代曆法推步的誤差及歲差的問題，若干年後，其術數所用之星辰的位置，已與真實星辰的位置不一樣了；此如歲星（木星），早期的曆法及術數以十二年為一周期（以應地支），與木星真實周期十一點八六年，每幾十年便錯一宮。後來術家又設一「太歲」的假想星體來解決，是歲星運行的相反，週期亦剛好是十二年。而術數中的神煞，很多即是根據太歲的位置而定。又如六壬術中的「月將」，原是立春節氣後太陽躔娵訾之次而稱作「登明亥將」，至宋代，因歲差的關係，要到雨水節氣後太陽才躔

娵訾之次，當時沈括提出了修正，但明清時六壬術中「月將」仍然沿用宋代沈括修正的起法沒有再修正。

由於以真實星象周期的推步術是非常繁複，而且古代星象推步術本身亦有不少誤差，大多數術數除依曆書保留了太陽（節氣）、太陰（月相）的簡單宮次計算外，漸漸形成根據干支、日月等的各自起例，以起出其他具有不同含義的眾多假想星象及神煞系統。唐宋以後，我國絕大部份術數都主要沿用這一系統，也出現了不少完全脫離真實星象的術數，如《子平術》、《紫微斗數》、《鐵版神數》等。後來就連一些利用真實星辰位置的術數，如《七政四餘術》及選擇法中的《天星選擇》，也已與假想星象及神煞混合而使用了。

隨着古代外國曆（推步）、術數的傳入，如唐代傳入的印度曆法及術數，元代傳入的回回曆等，其中我國占星術便吸收了印度占星術中羅睺星、計都星等而形成四餘星，又通過阿拉伯占星術而吸收了其中來自希臘、巴比倫占星術的黃道十二宮、四元素學說（地、水、火、風），並與我國傳統的二十八宿、五行說、神煞系統並存而形成《七政四餘術》。此外，一些術數中的北斗星名，不用我國傳統的星名：天樞、天璿、天璣、天權、玉衡、開陽、搖光，而是使用來自印度梵文所譯的：貪狼、巨門、祿存、文曲，廉貞、武曲、破軍等，此明顯是受到唐代從印度傳入的曆法及占星術所影響。如星命術的《紫微斗數》及堪輿術的《撼龍經》等文獻中，其星皆用印度譯名。及至清初《時憲曆》，置潤之法則改用西法「定氣」。清代以後的術數，又作過不少的調整。

術數在古代社會及外國的影響

術數在古代社會中一直扮演着一個非常重要的角色，影響層面不單只是某一階層、某一職業、某一年齡的人，而是上自帝王，下至普通百姓，從出生到死亡，不論是生活上的小事如洗髮、出行等，大事如建房、入伙、出兵等，從個人、家族以至國家，從天文、氣象、地理到人事、軍事，從民俗、學術到宗教，都離不開術數的應用。如古代政府的中欽天監（司天監），除了負責天文、曆法、輿地之外，亦精通其他如星占、選擇、堪輿等術數，除在皇室人員及朝庭中應用外，也定期頒行日書、修定術數，使民間對於天文、日曆用事

吉凶及使用其他術數時，有所依從。

在古代，我國的漢族術數，甚至影響遍及西夏、突厥、吐蕃、阿拉伯、印度、東南亞諸國、朝鮮、日本、越南等地，其中朝鮮、日本、越南等國，一至到了民國時期，仍然沿用着我國的多種術數。

術數研究

術數在我國古代社會雖然影響深遠，「是傳統中國理念中的一門科學，從傳統的陰陽、五行、九宮、八卦、河圖、洛書等觀念作大自然的研究。……傳統中國的天文學、數學、煉丹術等，要到上世紀中葉始受世界學者肯定。可是，術數還未受到應得的注意。術數在傳統中國科技史、思想史，文化史、社會史，甚至軍事史都有一定的影響。……更進一步了解術數，我們將更能了解中國歷史的全貌。」（何丙郁《術數、天文與醫學 中國科技史的新視野》，香港城市大學中國文化中心。）

可是術數至今一直不受正統學界所重視，加上術家藏秘自珍，又揚言天機不可洩漏，「（術數）乃吾國科學與哲學融貫而成一種學說，數千年來傳衍嬗變，或隱或現，全賴一二有心人為之繼續維繫，賴以不絕，其中確有學術上研究之價值，非徒癡人說夢，荒誕不經之謂也。其所以至今不能在科學中成立一種地位者，實有數困。蓋古代士大夫階級目醫卜星相為九流之學，多恥道之；而發明諸大師又故為惝恍迷離之辭，以待後人探索；間有一二賢者有所發明，亦秘莫如深，既恐洩天地之秘，複恐譏為旁門左道，始終不肯公開研究，成立一有系統說明之書籍，貽之後世。故居今日而欲研究此種學術，實一極困難之事。」（民國徐樂吾《子平真詮評註》，方重審序）

現存的術數古籍，除極少數是唐、宋、元的版本外，絕大多數是明、清兩代的版本。其內容也主要是明、清兩代流行的術數，唐宋以前的術數及其書籍，大部份均已失傳，只能從史料記載、出土文獻、敦煌遺書中稍窺一麟半爪。

術數版本

坊間術數古籍版本，大多是晚清書坊之翻刻本及民國書賈之重排本，其中豕亥魚魯，或而任意增刪，往往文意全非，以至不能卒讀。現今不論是術數愛好者，還是民俗、史學、社會、文化、版本等學術研究者，要想得一常見術數書籍的善本、原版，已經非常困難，更遑論稿本、鈔本、孤本。在文獻不足及缺乏善本的情況下，要想對術數的源流、理法、及其影響，作全面深入的研究，幾不可能。

有見及此，本叢刊編校小組經多年努力及多方協助，在中國、韓國、日本等地區搜羅了一九四九年以前漢文為主的術數類善本、珍本、鈔本、孤本、稿本、批校本等千餘種，精選出其中最佳版本，以最新數碼技術清理、修復版面，更正明顯的錯訛，部份善本更以原色精印，務求更勝原本，以饗讀者。不過，限於編校小組的水平，版本選擇及考證、文字修正、提要內容等方面，恐有疏漏及舛誤之處，懇請方家不吝指正。

心一堂術數古籍珍本叢刊編校小組

二零零九年七月

嘉慶癸亥年新鐫

煦齋晴峰輯

地理方外別傳

鑲藍旗滿洲扎隆阿捐貲刊刻

序

古者不封不樹、後世聖人易以棺槨、而葬之事起、葬者藏也、魂氣歸天、形魄歸地、期於入土爲安也、孟子曰、無使土親膚、亦可以知人心之所在矣、顧三代以前、皆從薄、秦漢以來、多從厚、自山崩鍾應論肇東方、於是

形勝之家，爭言其理，若青囊、赤霆、玉尺、金斗、秦之青烏、郭之錦囊，皆似古人有所託而傳者，獨宋司馬溫公為葬論，則又謂卜宅卜吉無常地、常日，誠恐後人之不解大道而轉惑於心也。余則以為擇地之說，多有指歸，大抵行術之心，與著書之心異，相地

之心與卜葬之心又異行術期於塗
飾耳目著書者必寔有所得乃能
宣於口而筆之書相地別具慧眼妙
思自鳴得意而卜葬者但求得守此
念之安煦齋上人者由儒入釋而兼精
此道者也馬鳴幽讚龍樹虛求掩室
之餘息言了義登覽之頃壹志凝

神閱歷數十載注緝成編非所謂浔
於心而宣於口者乎余特以　先君子
未安兆域且晩焦思破貲營葺幾易
星霜粗有成局而煦齋爲余經其葬
事點穴撥砂接龍乘氣一一如法校
諸平昔所言若合符節然後知此
書爲形法家指迷而余之贊成此

書又欲爲卜葬者指迷也書既成
不可不表其旨是爲序
嘉慶八年歲在昭陽大淵獻閏二月
花朝後四日書於立誠館舍鑲藍旗
滿洲益齋扎隆阿撰

方外別傳序

古今地理之書不可勝讀顧讀書而不知其解與未能之而不得其意雖日讀千萬言猶之乎未讀也自郭景純葬經一出而楊曾廖賴因之有授受之傳

其後晉魏六朝以來，諸家所著
多書連編累牘，詢可謂地理之
大觀矣。然取材宏博，讀者望而
色沮，苟不分其段落，標其要旨，
仍有茫然河漢之慮。而一二好奇
之士，搜觚畫紙，又復探指耳閫，

矯揉造作，故其書多牴牾而不合。嗚呼，後段不精，學復不確，而欲取千百年以上之書，與古人分茅設蕝而論之，蓋亦難矣。晴峰上人者，精學從外，披殘貝葉之餘，復究心於地理諸書，扶輿探微，不出

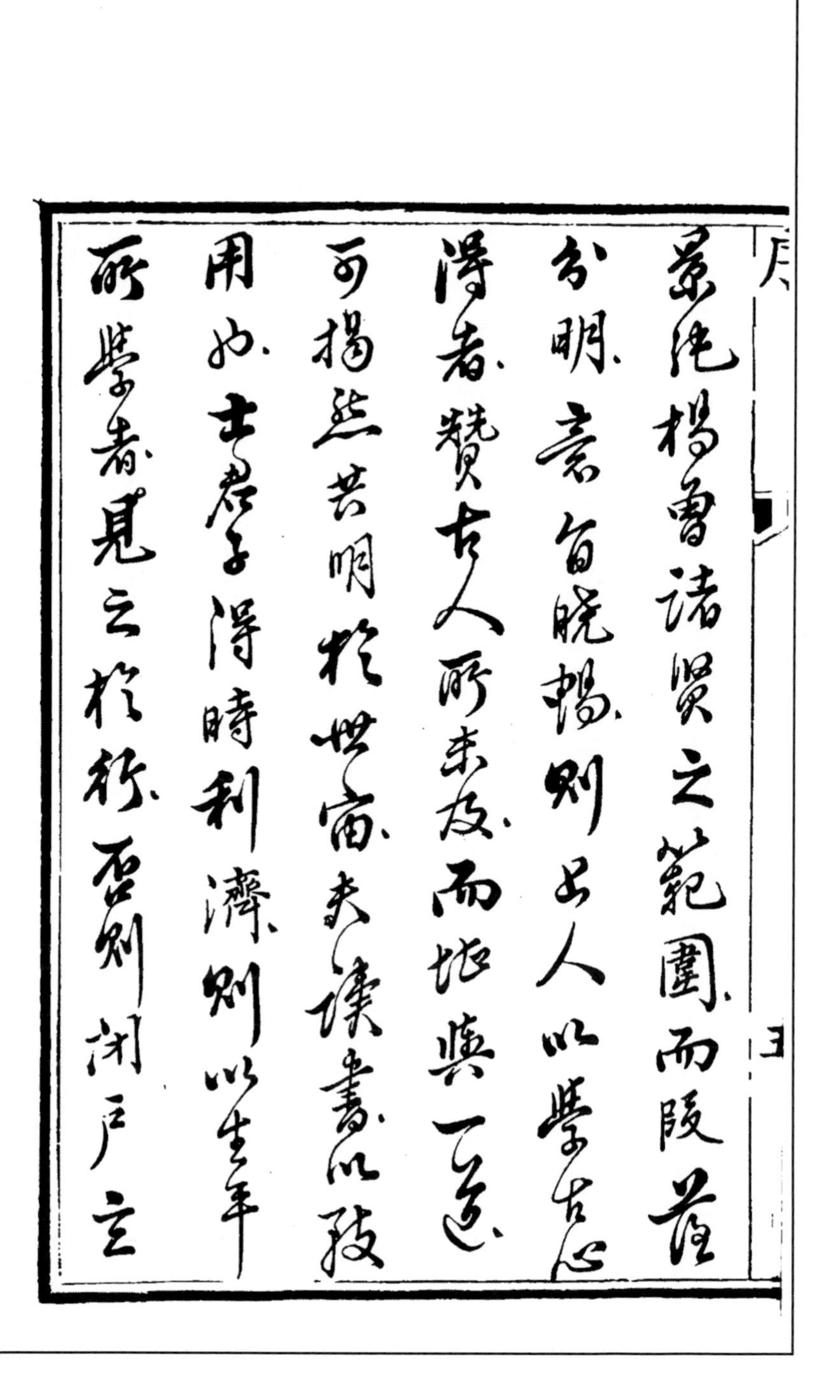

蒙地揭會諸賢之範圍而賅括
分明，言旨曉暢，則世人以學古心
得者，贊古人所未及而地與下逮
可揭其明於世宙，未懷書以救
用也。士君子得時利濟，則以生平
所學者見之於行，否則閉戶立言

言。醫之道必期可觀嗣古人而傳
來者。俾世之揣摩斯道者得所
津梁。共曉然於已律下藥之不
可易。如古人者。識可與古人分茅
設蕝。能自成其一家之言者也。
余覽是編。自慚未能此道。因喜上

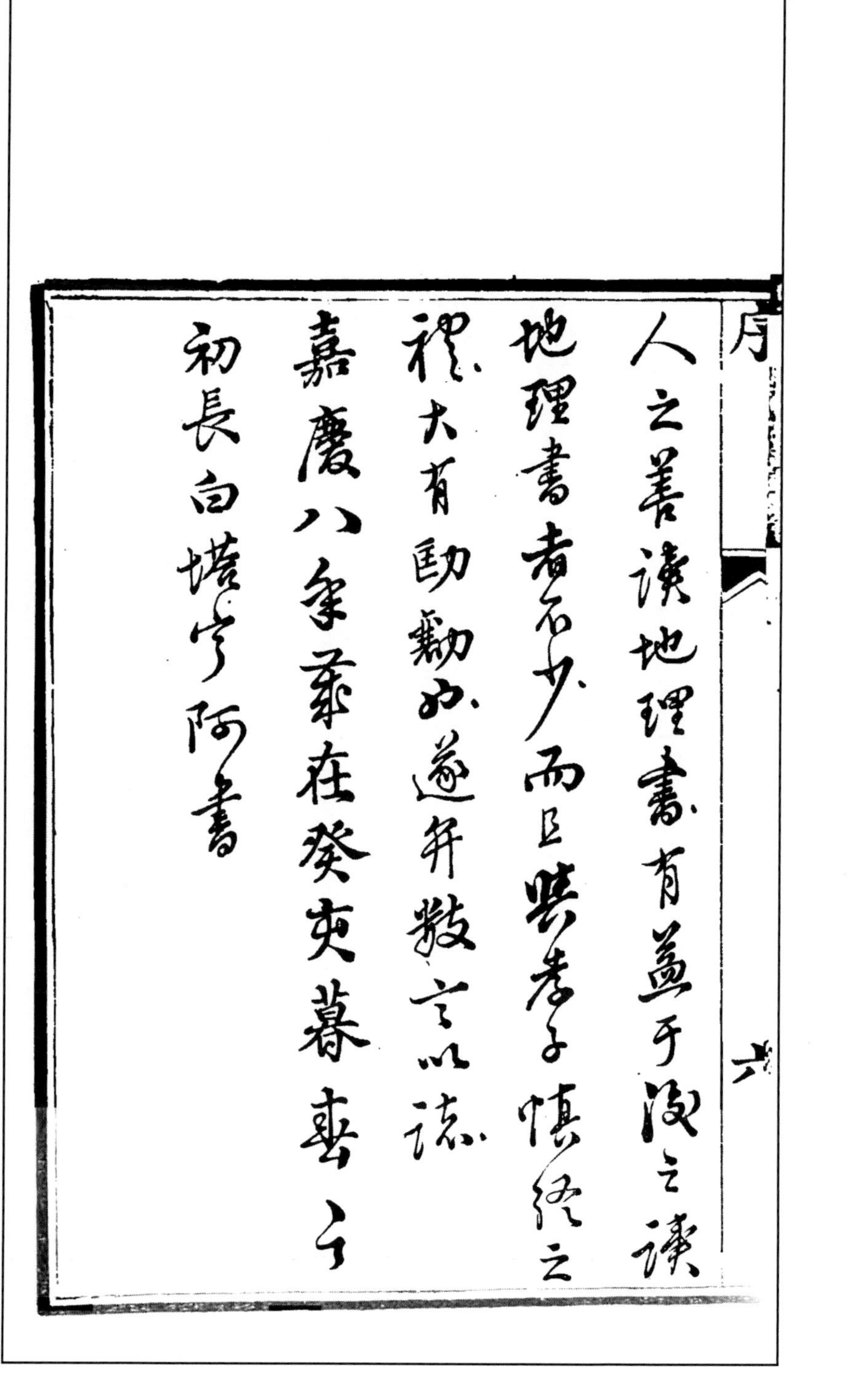

序

人之善讀地理書有益于後之讀地理書者不少而且於孝子慎終之禮大有助勸故遂并敘之以誌

嘉慶八年歲在癸亥暮春之初長白堪宇阿書

六

自敘

余楚南星沙人也、本姓羅氏、幼業儒、每聆師友論青烏術、心竊好之、而未能究其奧、先人故後、遂覺世緣冷淡、因而祝髮仙霖圓具、開福、遍遊江南、叅善知識、悟萬法歸一、信空門不二、一切詩書文藝、半都廢棄、

乾隆乙未年、北謁燕京、奉

命住持崇壽寺、講演諸經、闡揚五教、繼而駐錫覺生寺、未幾、復承當道堅請住持宣化府瑞雲寺、瑞雲寺乃唐宋名剎、年久傾頹、余秉誠修葺、殿宇重新、但其地適當燕晉來往之衝、游人紛沓、余性不耐應酬煩擾、嘉

慶庚申年復歸京都、退隱明珠小刹、杜門謝客、聊圖靜養衰年、結習未忘、蒲團香火之餘、閒取堪輿諸書、時一省覽、而各家之說、文多是此非彼、互相抵捂、令人如窺深淵、終覺茫昧、每於登山臨水之際、辨認龍穴沙水吉兇順逆之情、或美或否、尤未能自信、而一二素心好友、不以余爲鄙陋、往往問道於盲、余殊不敢輕發議論、而何近時庸淺之流、輒易言之、嘗見塋葬後死者不安、生者敗亡、實有背先賢遺書之本意、負孝子之深情、豈不大可痛哉、余今述方外別傳一書、發明地理作用法則、分卷爲三、一曰地理秘訣、二曰

地理規模、三曰地理源派、余並不敢效景純諸賢立一說以傳來者、不過留之案頭、以醒倦眸、友人雪邨先生、適至禪房、讀而悅之、勸余授梓、余應之曰、不可增無鹽之誚耳、雪邨謂余曰、吾有友人塔致遠者、精明地理、何不質之同好、再爲印證、當不致有差謬也、旋荷塔致遠詮次參訂、且云利已及人、儒釋皆然、余不能負二友之意、因授之梓云、

嘉慶八年歲次癸亥四月八日敘於京都西城明珠寺龍槐靜室煦齋晴峯撰

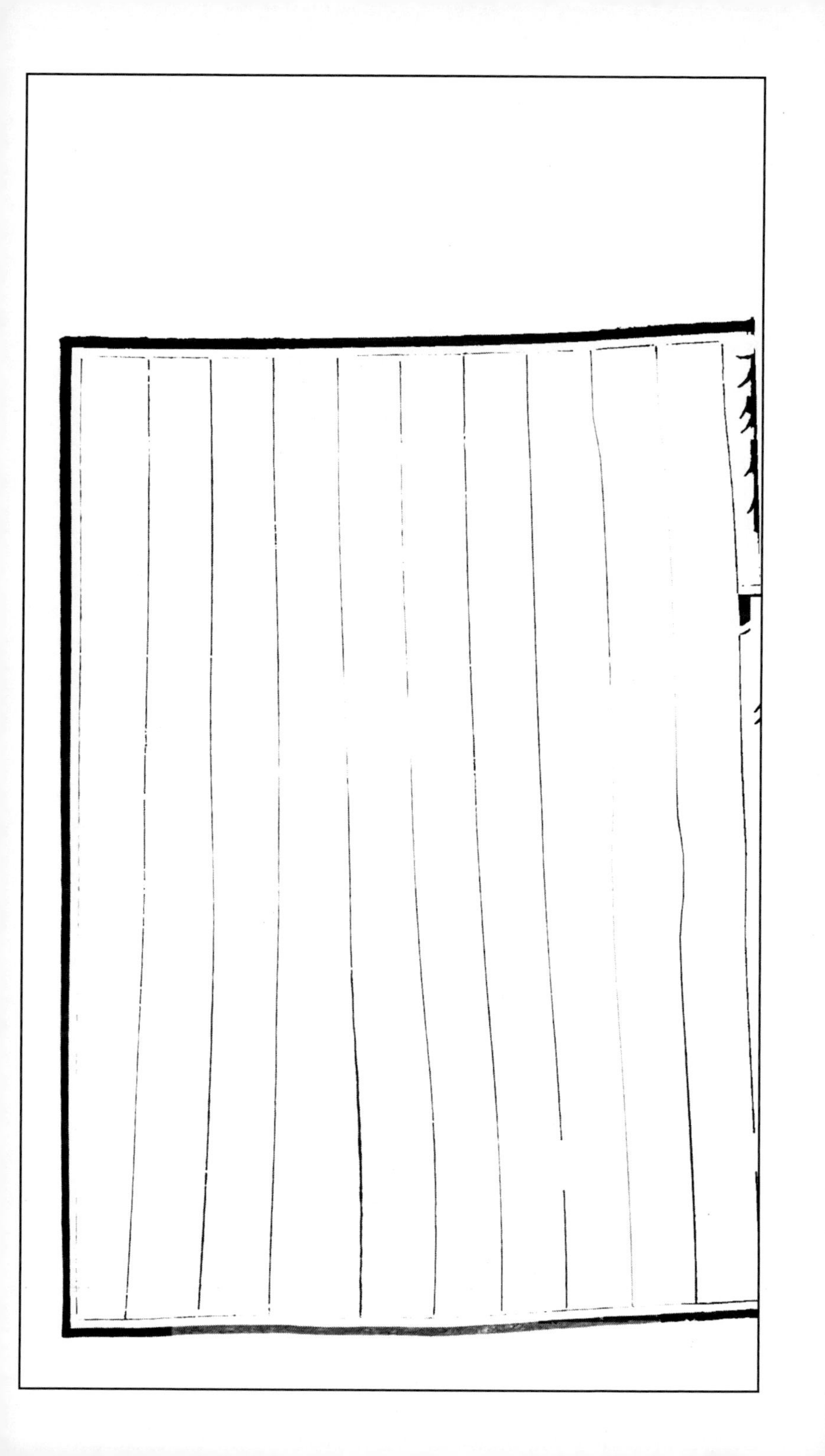

方外別傳目錄

地理秘訣卷之一

緩急　到頭
穴法　執實
穴信　論火
品格　祖格
石龍　山巔
怪穴　水法
穴証　化氣
氣脉　形勢
認眞　審細
元機　透髓

機巧　斬截
穴藏　奇怪
穴土　論水
看水　河洛
象數　頭腦
感應　折衷
安止　活潑
捷徑　主客
要領　妙用
立化　拘泥

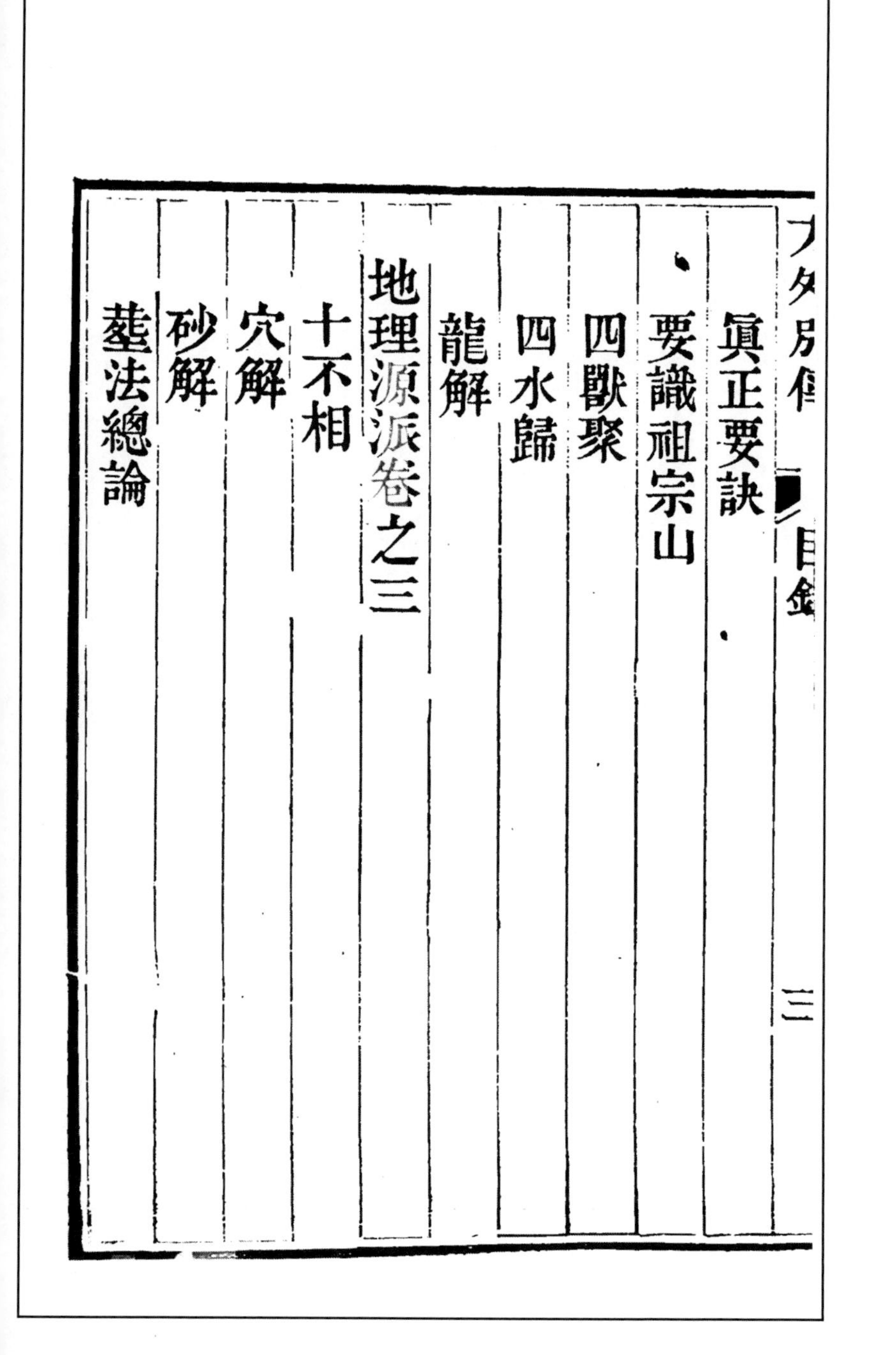

地理源派卷之三

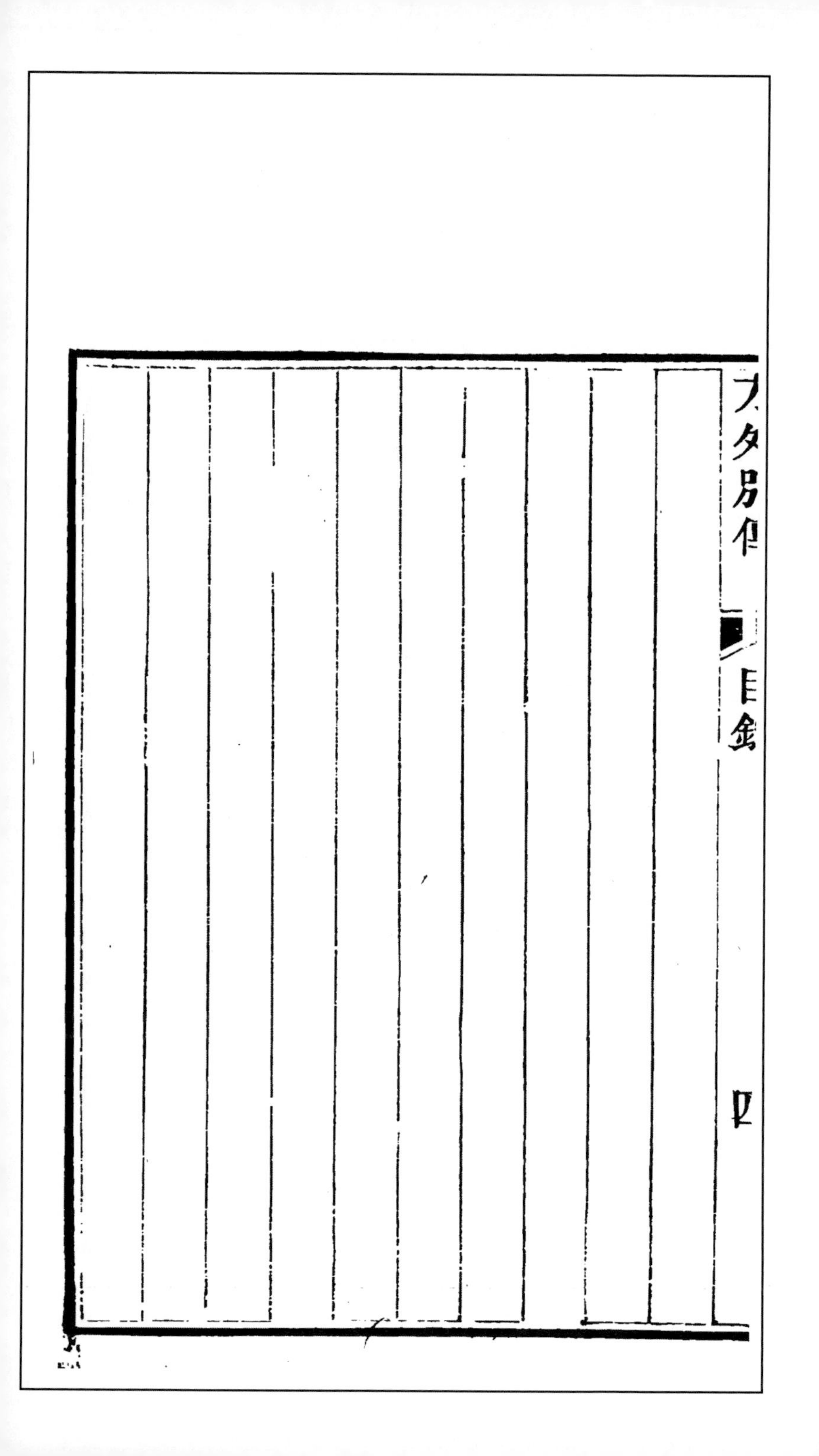

天外別傳　目錄　四

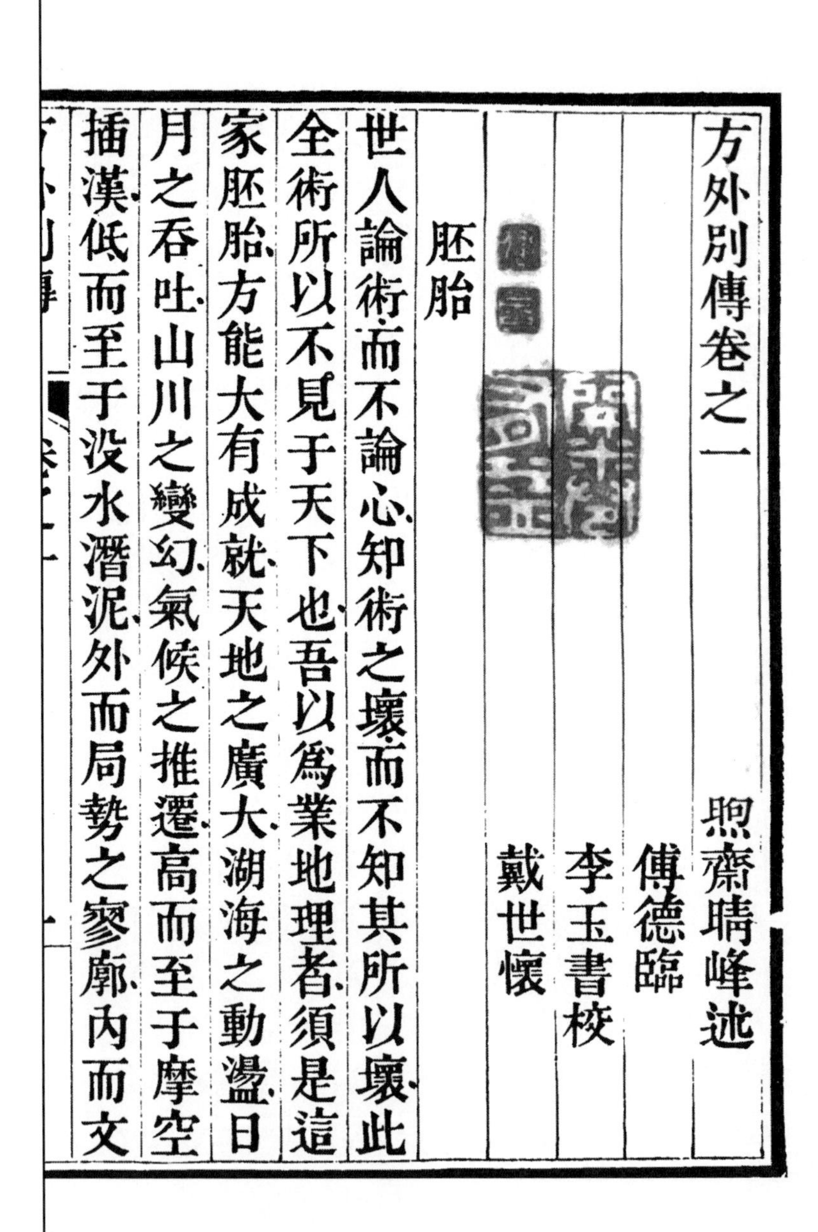

方外別傳卷之一

聣齋晴峰述
傅德臨
李玉書校
戴世懷

胚胎

世人論術而不論心，知術之壞而不知其所以壞，此全術所以不見于天下也。吾以爲業地理者，須是這家胚胎，方能大有成就。天地之廣大，湖海之動盪，日月之吞吐，山川之變幻，氣候之推遷，高而至于摩空插漢，低而至于没水潛泥，外而局勢之寥廓，內而文

理之幽玄此其變化將何紀極而豈淺中薄識者所能哉語曰要爲天下奇男子須讀人間未見書甚哉見之不可不廣也人惟囿于所習則所見不大所見不大則所造不高吾人之不可語變者只爲此見局定耳近世陰陽家流或泥一家言或執一家局見天星者神影響以爲幽見巒頭者執形貌以爲正校砂水者取憑于象應耽柔脆者戒險于巉頑是其恪守師傳非不各有所見然得此遺彼終不可以入無方妙道此見一成胚胎已壞雖千楊百廖日與之處不可與易往往高明在此錯過良可痛惜大抵人品有

二、其下無見、其上執見、無見者、不知方者也、執見者、不通方者也、不知方者其害小、不通方者其害大、此術家第一關隘、當下須從此辨根器、後來卽從此定造詣、有志者、必放寬肚皮、大張眼力、毋以界畫定進止、勿以意見作籓籬、如此、則形神氣色、皆吾默契、水泉砂礫、皆吾妙用、不以性情形體改觀、不以鴻纖高下易視、此方是大胚胎、大結果、直接楊曾以上之傳矣、不然、蛙見以自足、鼠光以自娛、若之何其能有成耶、

學步

地理之學始於認星中於煉格終於達勢不知星毋以別眞僞不知格毋以辨貴賤不知勢毋以品大小三者機若連環而不容缺者也但其中機局有淺深歷覽有遠近有不可以一蹴至者一峯兩峯可以論星五星九曜雙與疊出可以論格升沉吞吐開闢去來可以論勢故曰占山之法以勢爲難而形次之形者五星九星之謂也金木水火土皆得其一氣之純無纖毫夾雜者此爲正體若五行化氣二氣合形或相生而爲天財金水或相克而爲天罡孤曜此則九星九體之變也以此五九因而重之或木火三五而

爲華蓋三台、或金水八九而爲芙蓉簾幙、品格從此
出矣、是雖其形有正有變、然皆循圖可得、按訣可知、
不足爲難、至於勢、則出沒於金土之間、隱顯於木火
之界、五眞渾合、九曜交併、頭是脚非、肩全背缺、神龍
文鳳、犇象旋蛇、虎踞牛奔、奇奇怪怪、風雲變態、神幻
化於頃刻之中、符印連行、轉禍福於呼吸之際、若此
者、可以形想、不可以星名、可以意會、不可以格泥、此
勢之所以爲大而爲天下之奇觀也、

揑怪

登高望遠、此觀山第一義、雖有離婁之明、不可得而

廢也、近時術者、大是捏怪、甚至坐篙登山、揭帷四望、而曰如是謂地者、又有坐鎮不行、令其子僕、遍觀回報、隔山斷地者、術家以此爲聲價、主人以此爲神奇、甚矣、人之好怪也、噫、亦可哀矣、

氣象

學者欲令目力高强、須是理會氣象、山川融結、其力量大小不同、而氣象亦異、星足以受穴、砂足以自蔽、水足以自濡、容膝之外、無長物、此一人氣象、乃若其來也有主、其主也有勢、借局借纏、山水湊集、格雖不奇、星亦不失、有子有孫、足衣足食、此一家氣象、至於

起祖有力、出身有帳、行度有格、入首有勢、開堂有局、華長揖門、有禽有獸、小大長短、清濁妍醒、或以格斷、或以形取、下可以至郎官、上可以至一品、此郡邑氣象、若夫幹龍直出、萬仞雄長、儻然而來、振然而止、其頓也、若隆衆山而臣之、其伏也、若懷萬寶而藏之、掀天揭地、襟江帶湖、幽奇遠秀、依稀天漢之間、水口關攔、仿彿杳冥之際、週遮百里、不以為廻、汪洋萬頃、不以為曠、水不可以陰陽論純疵、砂不可以正側論好醜、穴不可以饒減論作用、見之而不敢取、此一團氣象、人能於此料理、則胸中有主、眼底分明、臨之至大

不驚。投之至小不忽此方是術家宗匠屠龍手段。不然。拘常者見石而怕。見小者語大而疑。若此者。其氣象已卑小矣。安能品第衆形。劑量庶類哉。

神氣

神氣之說不明。而觀山之術日淺。相山之法。與相人似。鑑神氣者爲上。鑑骨格者次之。鑑皮髮者爲下。山一形耳。胡以神氣觀哉。神氣云者。合內外主客而爲言者也。以形而觀。則短不踰長。美不掩惡。所見每超於形之外。大抵全倚羅城有力爲主。其力量大小。有不在一星一脉論者。所謂合衆觀以成其大。假外相

以存其神也其中星體又貴而有格乃能收攝外氣控馭羣英以爲我用不然既短且弱其形已壞形既不豪神將焉附所謂不得箇中眞種子猶將水火煮空鐺亦何濟哉是故有局而無格其名曰空局有格而無局其名曰破格是局得格而尊格因局而重二者缺一不可也內外相因遠近相乘虛實相成依依附附有形無形不可以強弱論貴賤不可以長短論重輕此神氣之所由名

形體

觀山之要不出性情形體二端非形體無以察正局

非性情、無以盡變局、形體可以言傳、性情必由神會、神會之何如、乃驗之心目之間而已、人身之神、宅于心、游于目、心明是非、而目分黑白、初亦何嘗不同、而顧有得有失者、見爲之也、見從目入、疑從心生、目實亦能移心、心迷亦能移目、則如之何而後可、到此須用剖腹滌腸之法、令胸中明明淨淨、不掛一絲、直從山水自然行止、以觀其動靜、由動靜以觀其性情、然後叅以師傳、以考其貴賤大小、如此、則山川雖變、穴法雖幽諒、亦不能逃吾妙用中矣、不然、遍歷砂圖、旁收龍格、窮年皓首、亦何益於得哉、

形神

以人物禽獸之形來想穴、此亦裁穴中一箇蹊徑、天有象地有形、物類相肖、誠有然者、事實有然、而亦不盡然、執之則失、但從形入者淺、從神入者深、從形入者漸、從神入者頓、董公原從形上起脚、故其得道最脫、朝山關係最緊、不獨穴之有無在此辨別、而禍福尅應、亦在此處、穴之與朝、如蚕作繭、隨物肖形、應驗不差、龍雖富貴、面前砂水若雜凶惡、雖富貴亦不能純、故解義有言、富貴雖然在龍上、秀氣還應在朝山、而楊老又曰、山川日夜在朝迎、生出爲人亦如是、廖

氏云、中間最是朝山緊、禍福尤有准、皆此意也、

星形

五星之形、非徒以其具尖員方直、而即以是名之、葢其得精氣之至粹、形神冲泰、體格勻停、木彩金華、耀人心目、方爲眞的、若須金濁土、雖不離方員、較比便覺厭目、

五行

欲得五行之形、先究成形之理、混沌未開之前、一氣超然獨存、二氣肇分、五行交錯、如五金並注洪爐、各隨火力出脫、其中惟五眞、不受煎染、餘皆不免夾雜、

然只看他生剋制化矛兩何如以定取用貪狼木脚帶火太陽金身帶土皆不離毋氣是謂有根金水金肩吐水天財土角流金皆入首形穴作怪本峻急難下只後面來脈精巧融結已真用法扦之自能迓福

山脉

地理之學如出重關過一重又有一重觀山之法古未備也闢空說出箇脉字已爲奇特然山無脉不行何山無脉陶公又說出箇蜂腰鶴膝則脉固有自真而粗大直硬不可以言脉矣至卜則巍又翻之曰鶴膝蜂腰恐鬼刼去來之不定則是鬼刼之龍亦有蜂

腰鶴膝，又將何以辨之。楊公有云，蜂腰過處多趨蹌，則是蜂腰鶴膝，又在有纏護，若無纏護，縱有蜂腰鶴膝，亦爲虛設。吳公解義云，大凡脉要從心臍陰出者爲眞，若不從三處出來，縱然有護，亦不可執以爲是，合是數說而後論脉，方得完全無弊，可見學者心固不可不用，而枉用心亦無用，故曰，任君資質過顏閔，不得眞傳莫浪猜，葢有味乎斯言矣。

貴幹

星以成格爲尊，格以屏帳爲重，屏帳非大勢不成，大勢非幹龍莫得，故論格固當論祖，論祖又當論幹，幹

之美者、如漲天之水、湊天之土、獻天之金、沖天之木、他如華蓋三台尊極帝座、霞帔雲錦、鶴駕鑾輿、其勢多是侵雲插漢、倚日依霞、惟幹龍頭鸕高廣、手脚綿長、故能備諸般美態、極萬變奇踪、是故立郡建都、分茅胙土、皇妃后宰、名臣巨儒、滿門朱紫、奕世簪纓、惟幹龍爲然耳、次則小幹大枝、亦或有之、下此、不過人財而已、縱有科第、數亦不多、發亦不久、此皆目前可數。而騐者、令人論大而不論幹、卽數星之龍數步之局、輙稱爲無上大地、豈其欺於自誑哉、要亦不辨枝幹之過也、

屏帳

論屏帳有二、有直出橫出、正來正出、此易曉者、若幹龍直來、中間腰落、借大龍橫脊、自成屏帳者、須是肩項分明、形容斷像、方爲的當、若邊高邊低、頭輕頭重、便非眞態、然亦有形勢低昂、出身斜側者、只要出得脉眞、未嘗不結、但力量較輕耳、其餘小結、只論一星出面、亦要肩項分明、脈從心臍陰出者爲眞、若貫頂分授、如潰如崩、精氣踈慵、决不融結、

性情

龍穴砂水、繪之圖像、載之詩歌、古人論之詳矣、後人

觀其法以臨穴、而猶失之者何哉、亦以其得古人之糟粕、而不識眞性情故也、彼據星點穴似矣、而有離星出脉者、何以知之、彼據脉點穴似矣、而有離脉出氣者、何以知之、若此者、又非常法所能擬議、須於無中求有、去處求留、散中求聚、遊神於牝牡驪黃之外、是爲得之、此術家所以有道眼法眼之說也、經曰、道眼爲上、法眼次之、又曰、水底必須道眼、石間貴得明師、石穴雖怪、有形可見、苟得眞傳、扦之自有其法、若水底、目所不及見矣、而又歸之道眼者、豈眞別有一道神光、下燭九垓、若是之異於人哉、葢其仰觀後龍

之勢、俯察入首之情、旁求從佐、遍覽朝迎、知其勢之所趨、情之所至、不於此而於彼也、此古人神解之妙、獨行獨見、而不可以示人者、今人見其所見而不見其所不見、遂目古人以爲如鬼如神而莫之及、大可笑矣、

關竅

脉與朝、是地理家兩個大關竅、這兩個關竅、從來無人點破、是陶公破天荒說起、陶公作捉脉賦、說到中間忍不住、不覺贊嘆起來、其曰、萬水千山、總歸一路、千般萬狀、更無異情、但認蜂腰鶴膝、一任糢糊不清、

又曰、咲殺時人、把河圖而立說、那知眞訣取前案以
爲榮。只這幾句、把造化機關、先賢不傳之秘、一口便
道破、到這裡、陶公自覺漏泄太過、秘之不能泄之可
惜、直是無可奈何、故復曰、知之者心膽寒、聞之者神
魂怖、又曰、胷腸可斅、此言難露、又曰、此語露兮天地
爲之晦冥、把這竅看得天來大海樣深、驚異珍重、若
此、今人說朝說脉、只當常談、言者不以爲奇、聞者不
以爲怪、似乎明明白白、及至登山、却又番鬪馬脚、譬
之小兒學大人說話、直是隨口轉耳、非實得也、學有
派、道有統、同此謂之同道、異此謂之異端、自有天地

便有此物天地不變則此物亦不變自從陶公傳下這箇消息後來楊公每到論朝論脉惟有贊歎而已迄及宋元若吳若賴若廖若董無敢異同古人惟共明學術以扶道統不似今人博名立異於鷄子中尋碎骨也

壂法

壂法各異眞訣無多番來覆去不過竊弄闔闢之機而已此種壂法從前無人拈出只三國時有管公明作指掌云穴不欲中中則當鋒雖引其端不竟其說至楊公一粒粟大爲發明斯壂法之鼻祖也

頭面

星有有頭而無面者、何謂無面、透頂出脉、則無面矣、有有頭有面而無脉者、何謂無脉、斬然直止、而無變化、則無脉矣、古人謂之菩薩面者此也、菩薩有面、只是無氣、此喻甚善、到頭名字、總不得離氣脉二字、點穴之訣、無過捉氣脉工夫、氣脉是窩鉗乳突之來、窩鉗乳突是氣脉之止、有窩鉗乳突而無氣脉、所謂一息不來都是殼、將何所用、識得氣脉、不識得迎接、亦無用、何以言之、比如窩、一也、或塟上弦、或塟下弦、或塟中心、或塟左右、窩是一般、窩何以知其在上、在下、

在左在右若不識龍之強弱勢之急緩脉之逆順則
穴之情了不可覔是穴固不外窩鉗乳突而穴之所
以爲穴者不在窩鉗乳突世咸謂地道通仙道但知
其然而不知其所以然者葢金丹之道煉精還氣鍊
氣還神鍊神還虛穴法之妙亦復如是彼筆以寫眞
雖眉目分明形容廝像似矣而非人也目視耳聽手
持足行人矣而非眞也論眞人者不當求之耳目口
鼻之粗論眞穴者不當求之窩鉗乳突之末世之塟
窩鉗突者不少矣而効多不應特得其似耳鈎松有
言正脉取斜斜脉取正正者體也取裁不依斜正者

用也。體其所本有、用其所本無、世之人皆知有用之用、而不知無用之用、看來點穴只是箇反跌法、見那字、便不用那字、見雙用單、見急用緩、見長用短、見虛用實、見之不可用。用之不可見。此萬法之宗、衆妙之門也、

緩急

脉緩氣浮則用蓋、脉急氣沉則用粘、脉縮氣藏則用撞、脉斜氣行則用倚、蓋穴氣如甑炊、取蓋覆之義、撞穴、如聲藏鐘中、不撞則不鳴、粘穴、如糊粘、是兩物粘而爲一、彼不見傷、此不見脫、倚穴本體粗雄、而不受

穴餘氣流動而未成穴自家無巢臼可據必有所倚靠而後成因形察氣因氣取穴無定體亦無定名

到頭

到頭一節拳石寸土皆不可以一毫忽略看過前後左右之砂或長或短或高或低邊厚邊薄邊灣邊直邊寬邊緊邊明邊暗邊夷邊險邊老邊嫩都是透漏穴情消息處點穴之法全在消詳砂水脉合如是接氣合如是乘風合如是避煞合如是藏砂合如是收不上不下不左不右到自然恰好處始得故剪裁之妙謂其在內而未嘗不因乎外謂其在外而未嘗不

本于內內外之間有無之際其穴法之所由存乎

穴法

世皆以穴言穴而不知以龍言穴此穴法所以日爲天下裂也以種類論穴則龍法穴法一齊都了此千古獨存之見楊公平生得意却在此處味其語意自可想見其曰穴若不從龍上星斷然是假不是眞又曰我觀星辰在龍上預定前頭穴形像又曰觀星裁穴始爲眞不論星辰是虛誑如此誇張如此叮嚀而人猶別尋徑竇以臻玄妙吾不知之矣又云穴法尤難於龍法古人謂十年求地三年定穴十年停柩三

年改葢、此言地之難得而穴之尤難決也

執實

龍穴砂水、各有妙訣、自是把柄、自是執不得把柄、執朝則以朝失之、執脉則以脉失之、執明堂則以明堂失之、地理說箇應字極妙、不論那一件、只要有應、有勢而星不應、則勢爲虛勢、有星而脉不應、則星爲虛星、有脉而朝不應、則脉爲虛脉、有朝而穴不應、則朝爲虛朝、有穴而龍不應、則穴爲假穴、大抵看穴、全在精神、龍一發足、如舡出峽、一息不可停留、前呼後擁、彼感此應、如手足之捍頭目、如弟子之救父兄、方爲

眞切、若招之不來、麾之不去、呵之不痛、搔之不癢、此死物也、

穴信

二氣默運、品物流形、其化工何嘗掩蔽、然物之鍾靈毓秀者、尤天地孕育之根、其化機亦不盡漏泄、故蒙金以砂、錮玉以璞、而地之美者、又多重以變異之形、穴之變者有二種、曰奇怪、曰隱拙、奇怪之穴形常有餘、隱拙之穴形常不足、有餘者、雖不離窩鉗乳突之來、然入首多出入常態之外、如駢脅之胸、獨骨之臂、無竇之齒、過膝之手、雖怪而實奇也、不足者、亦有窩

鉗乳突、但入首成形、或此全而彼缺、左有而右無、如半開之英、方成之孕、形雖未完、氣無不足、故拙而隱也、大抵富貴之地、多是此等形穴、蓋造物之數有限、其秘藏若有所私、圓機之士不世出、而目力有所未遍、故穴之常者、十存其一、穴之變者、十存其九也、欲扦此穴、惟國手爲能、嘗觀古人名作、不論好醜、不拘顯晦、並皆取裁、其神通變化、甚至初學莫之能解者、每每響應當時、膾炙後世、豈其漫無所見、而顧下此不經之穴哉、只是勘得脉破、辨疑穴者、不辨其穴、只辨其脉、穴之有無結作、其精神不在成穴處、而在出

脉處故奇怪隱拙之穴不可信以脉爲之証大凡穴模糊要脉不模糊有是脉無是形雖怪而實眞有是形無是脉雖巧而實假此毫釐之辨楊曾以來授受之眞傳也

論火

論格論局而不論及於火是猶獲佳菓而不知其根飲芳泉而不知其源也五星中火爲至尊眞陽一點萬物待生故在天則有日在地則有火術者先須識此造化之精而後可奪山川之靈試卽飲食一事觀之釜金既具薪水既陳雖有粟不可得而食也纔有

一畢火怙木爐而人始得食人知粒食之功而不知火之功設使非火則金木水土皆無用之物耳知火力之大誠可以掀揭天地震撼山川造化之物尤眾星之所讓格局之所尊重者也諸論中當推此為第一豹於松論貪狼一篇始於廉貞終於羅星始終皆以火言大意蓋可見矣

品格

論品格者當論其祖禍氣之厚薄力量之大小不在成格之後而在祖之時蓋有格而福不應者矣非其格之失也失其祖也亦有格半而福應倍者矣

非其格之得也、得其祖也、是起祖、又品格之樞紐、不可不知也、試以其狀言之、有若連天之雲者、有若風雨驟至者、有若波濤洶湧者、有若萬馬行空者、有若列戟而出者、有若陳兵而止者、有懸崖巨壑、若中藏萬玉林者、有大劍長鎗者、若橫攢武庫者、屹然巉然、氣象萬千、或殺氣陵人、令人肅然而恐、或清氣廹人、令人悠然而忘、此皆祖之至貴者也、若見此等起祖、當就此中搜索、將相公侯、皆從此出、所謂善認格、不若善認祖、得百格、不若得一祖之爲勝也、

祖格

同格論祖爲主、同祖又論格爲主、不可執同祖邊見、有失輕重、微露息机、是謂有化、太陰角鋭帶火、似若相傷、然金盛火微、不以爲尅、金得火而器成、反爲吉氣、惟掃蕩不金去而莫止、燥火不水亢而無制、此則出身旣不栽根禀惡不逢化氣凶曜之不足取者也

若孤曜金木爲形、天罡火金相戰、雖金資火鍊、木賴金裁、本有相成之理、然身輕殺重、尅制太過、難施控馭之才、勘破五情、任張百法、

石龍

若龍石山起祖、火木行宮、頓跌數十里、挺然直止、前

面既不開堂、兩邊又無抽作、法當取後龍之貴、以採精英、去前砂之毒、以爲官曜、於過脉停息之中、駕馭爲穴、水須流出不回、到前依舊歸囊入稾、其妙處全在收四面之奇、攬八方之勝、乘危據險、屈重馭輕、此地力量非常、人能遇此、必授上福、

山巔

萬山之巔、忽然開蕩、衆山磊落、水聚砂環、自成門戶、下面視之、只見層崖疊壑、不可躋攀、及到其中、如履平地、此地未經開闢、或爲茂林深草掩蔽、或爲京蛇巨毒占據、或爲神靈仙佛幽居、欲其現世、須是天開

造化、雷霆驚折、風火變更始得、此天地之眞秘、鬼神所呵護、留待至人、不可輕泄、

怪穴

術家稱最難者是怪穴、識得山川揑怪之由、自見怪不怪、奇怪隱拙、非誠造物設此疑人、亦山形勢自然如此、龍勢軒昂、其氣難降、多成奇怪、龍勢悠長其氣多藏、多成隱拙、惟正龍有此爲宜、若小枝、不可例論、葢小枝力量輕微、奇怪、恐爲附贅懸瘤、隱拙、恐是形衰氣弱、不可不審、

水法

水法最關利害、不可不講、古人以本山爲爐鼎、流神爲藥物、向指爲火候、抽添運用、造下此法、以救天下生靈、誠濟貧奇術也、水法不一、大略分上中下三局、收△裁△合四大垣星、六秀卦氣者爲上。如六秀得一秀、三奇中得一奇、陰陽和合。生旺順序、此爲中局。若無卦氣可收、又無吉秀可採、只取陰陽不雜、一山一水、亦作家計、此爲下局。三局各因形勢大小而取、如勢微形賤、縱六秀呈祥、三奇競巧、而體之不立、用將何施、縱形全勢美、而五凶聚穴、八煞歸巢、神旣不全、形亦奚取、加減乘除、隨機而動、是爲水法、古人仰觀俯

察、只從活造化活畫本上看來、今人只埋頭理業、更不回頭思量、於故帋堆中、窮究沉思、極想如捕風捉影、了無所得、試令抬頭一看、天高地下、山峙水流、明明白白、何等親切、許多名色、安頓何處、

穴証

穴有內証外証、點穴須從此處討消息、有外証有餘、而內証不足者、有內証有餘、而外証不足者、彼此出沒、不能兩全、何也、化工如畫工、丹青妙手、須是幾處濃、幾處淡、彼此掩映、方成佳景、山川融結、豈能處處盡着精神、眞意流注、一點亦足、夫穴不虛立、必有所

倚而後立脉可以定穴之有無而不可以定穴之佳止官鬼朝樂穴之四靈隱顯微見穴情乃見穴之隨應如影隨形龍從龍虎從虎四面雷同渾然中處左右高低與時消息其於穴也思過半矣

化氣

龍無化氣要穴有化氣穴無化氣要龍有化氣龍無化氣無論矣穴無化氣術家又有作用之法以化之如頑土無金本不可下若龍局俱眞又不可捨葬法憑四應所到從孕處打開墓頭大作圓堆爲土腹藏金之象兠堂爲偃月形中涵水渦爲金來生水之象

夫土之頑者、受氣已飽、受氣飽而不得出、則中藏其毒、廣營而深取、則氣行而毒化、土者金之母、土盛則必生金、生金者、其情所必至也、故爲金堆、金必生水、故爲水窩、金堆者、從土氣也、浮金無根、水安從生、復爲偃月以聚之、使金水相映、以助浮陽之氣、此作用之玄奥也、然此猶在星體上用功、尚有著落、又有設水確、置藥物、從方位上修求、爲打動龍神之說、非誕也、筠松有言、生氣初蟄、如睡如懵、或畜以池、或發以鍾、其感應之理、誠有然者、是故氣頑者、因情以化其氣、神寂者、因位以化其神、術至於神化、地理無餘事

矣、術家第一要勘破此關機用、方不著疑、葢萬有皆
屬於無、萬形俱屬於幻、凡物不可作着實看、故萬法
皆從虛而生、不可執泥、若牽泥執著、又是呆子面前
說夢矣、

氣脈

認得氣脈、則諸法自生、點穴、總離不得氣脈、脈有緩
急、氣有浮沉、有浮中之沉、有沉中之浮、有浮中之浮、
有沉中之沉、彼葢粘倚撞、四大穴法、雖足以概穴之
勢、而不足以盡穴之情、於是有高葢低葢虛粘實粘、
輕撞重撞、半倚全倚之說、故四大穴法不盡、繼之八

法八法不盡、繼之三百六十、愈推愈微、愈微愈妙、其最難認者、如墜與吊相似、綴與粘相似、離與拋相似、等與接相似、又如架法、深穴而淺葬、求法、淺穴而深葬、又或從下開穴、望上打洞、深入湊頂葬者、或從上取穴、挖下穿井、湊脚葬者、此皆因氣脉緩急爲之伸縮、全在臨時機變、穿針眼貫虱心、可與知者道也、龍急脉緩氣還盛、龍緩脉急氣還微、惟高明參之、

形勢

人皆知龍虎前後有花假空亡、而不知正穴、亦有花假空亡、何也、葬近正穴、而不得其眞、曰似穴、葬侵正

穴、而不得其全日壞穴、葬得其全、打龍不動曰呆穴、有一於此、終落空亡、故地理有穴法、有葬法、有止法、如五星穴當何如點、九星穴當何如點、十二小到頭穴、當何如點、二十四倒山影穴、當何如點、葬有定形、穴有定體、是爲六法、然穴以乘氣、氣有生死、穴以收水、水有明暗、穴以收砂、砂有強弱、剪裁之法、棄死挨生、就明捨暗、抑強扶弱、是穴有定而取用無定也、是爲葬法、氣固要乘接、接之太過、番成衝散、水固要兜收、收之太過、番成湍激、砂固要緊挨、挨之太過、番成凌壓、是穴無一定之用、用有一定之體、是爲止法、上

下左右入首之勢盡之矣。氣在地中。猶以器注水。器圓則圓。器方則方。器欹則欹。器傾則傾。其機不過左旋右轉。橫冲直撞而已。星與形是呆殺的。勢是活動的。地理家專言性情。性情者。非懸空去存想。只在勢上理會。識得勢。點穴自入佳境。造微論所謂觀順逆於數里之外。而後可以定微茫于咫尺之間。立錐賦云。觀來龍緩急之情。定入穴剪裁之術。此皆親歷有味語。古人占山以勢爲難。而形次之。先聖後聖。其揆一也。

認眞

後有蜂腰鶴膝來得眞、前有直來之朝止得眞、拿得
這兩處把柄住、何怕他奇怪、何也、有奇龍無怪脉、有
怪穴、無怪朝、任他千變萬變、而此兩處終不變、如大
士七十二變、而眼不變、故童子得以始終認之也

審細

點窩鉗乳突易、點尖直平潤難、點尖直固難、點平潤
尤難、尖直雖有殺、其形可據、平潤雖無殺、却莽蕩難
憑、故尖直避殺易、平潤承氣難、氣穴有幾般、有橫來
橫落、大者如湍水之轉、小者如象鼻之灣、脊若漫散
無情、弦實扯拽有力、此側落體也、有直來直落、本身

不肯受穴于山脚盡處、鋪毡展褥成穴者、此正落體也、此皆離星不遠、易爲目力、惟是撒網牛皮之形、星已遠、而無勢可乘、陽已勝而無脉可捉、陰陽混合、緩急不分、到此師傳亦來不著、全憑在心、思其把柄、只在四應上討消息、此又諸穴中難之難者、彼石穴殺穴雖曰爲難、然阡穴少失法、不過失氣多不失穴、至于撒網牛皮之形、萬一體認不眞、并其穴亦失之矣、此等關頭、非十年苦功不到、未可以筆舌傳也、

玄機

世之論乘氣者、止言耳受、腰受、至於背受、脚受、並無

一人言及、聚氣之穴乃背受也、三陰從天降、三陽從地起、聚氣成窩、故窩穴中有求法、求者其氣深沉、寂然不動、我從而求之、求之又求、及氊而止、使非氣從地起、何用如此深求深下、氣旣從地起、我棺覆其上、如甑炊一般、豈不是背受、何謂脚受、高山數仞、倘然直下、勢從此落、氣從彼起、如百尺狂瀾、水從中落、波從彼起、頭項來處、脚踏去處、其氣急降而緩升、豈不是脚受、此等玄機、從古祖師口口相傳、不立文字、世鮮其傳、學者狃於聞見、不明至理、何以盡山川之變、窮穴法之神哉、

透髓

論穴之形、金自是金、木自是木、各爲一端、而不能相通、論穴之神、無所謂金、無所謂木、同是一機、而隨體異用、如窩鉗乳突、皆有一定穴塲、縱能扦之、不過得穴之皮、至於尖鎗之殺穴、平陂之散穴、反掌之反穴、不藏之風穴、以至合氣、聚氣、騎龍、斬關、此皆無一定穴塲、非得穴之髓者、不能下、透得這几箇穴、他又有甚麼難穴、譬言作文字一般、一篇得、篇篇得、豈必個個題目都要做過、故吳公作千金穴法、止言水土木金、而不言火、何也、蓋性至毒、其爲禍甚慘、扦少失法、

身家係之其意蓋謂透得這四個那一個自得這四個透不過卽說出那一個亦無用此古人立言之苦心慮患之深意也

機巧

廖公後來說出騎龍仰高凭高三格總是從此斬關一個機括變出來論山川一定之形斬關本是假論造化流行之機斬關却是巧廖公云斬關已見前人下細看終是假又曰枝分節解處有氣卽可乘只要四應分明古人之見圓通如此

斬截

斬關之穴、神止形行、因其勢之可乘、從而斬之、此是從機巧中剪裁出來、老廖之白牛坦、吳公之遊蜂戲蝶、皆用此法、葢其勘破鬼神之情、竊弄鬧閙之機、播弄自己精神、故能於此神化、學者亦要通此一竅、方能隨體剪裁、方可救貧、故曰朔迎、若是有穴時、不問眞龍斷不疑、不有眞龍焉有眞穴、此必有說個中消息、到彼方知、不然、又是妄隨虛穴、達山隈、醜婦效顰、大可笑矣、

穴藏

善言穴者、止言穴影、而不言穴形、及其得也一得盡

得。不善定穴者、專言穴形、縱有所得、然得乎此、未免遺乎彼、此疑龍下經所謂穴影也、古人裁穴、其運用心思目力、獨得之妙、如何說得出、如何傳得人、不得已將形勢星三者作個骨子、引來引去、摸寫出個取穴的樣子、與人依他樣子、如此去用心思、如此去用目力、久久純熟、自然得個入處、此自家無窮的穴藏、立言極難、此老立一法、又恐人爲一法所縛、便以一法解之、循循善誘、眞地理之聖也、

奇怪

雷電震驚、星夜錯落、而人不以爲怪者、習於見也、奇

形怪穴乎昔不曾經歷一旦遇高牙大纛鮮不惶駭

却步今以怪穴諸體自為一類置之齋頭使朝夕耳

而目之則世外奇珍亦當家常飯菜也

穴土

點穴不易開穴猶難不知真穴未可與論土色不明

土色未可與論淺深破土之訣有三有浮土有實土

有穴土實土在浮土之下穴土又在實土之下如珠

在淵如玉在石造化孕精有自然融結體段雖不離

乎實土而實不同何也實土雖有其色而其文不現

雖有其文而其象不應形色相孚表裡相稱此穴土

之所以爲妙、而經言雌雄內結者是已、開穴直須打到是處、不得其土、則不足以盡蘊藉之靈、盡其土而無餘、亦還以損胞胎之氣、其中體段、有圓若極圈、其土去一層又一層、如螺螄然者、有方若錢眼、中去實土而棺匣現成者、有稜角峭厲、如八卦方勝文者、有石裹土外、如卵殼包卵黃者、有石在土中、去其石而穴見者、有石皮浮露、朦蔽眞穴者、有石脉如幹直入者、至於玉石、石龜魚、空青石髓、變異百出、莫非穴土靈應、不足爲怪、其淺深內則、亦須參酌外應、以爲伸縮、不可任意穿鑿、此等關頭、所謂九仞之山、功在一簣、

百勝之局收在一酌、不可不慎、

論水

古人論水有聲色氣味四法、山獨缺其乙耳、故靈鍾秀發之所、往往又有一段景色襲人、入眼自是不同、出身嵯峨兀突、如雷轟電走、雨集雲馳、其勢必激昂跌蕩、中多破祿孤巨星格行度、若見旌旗閃爍、隊伏森嚴、此是便威武氣象、出身重厚濶大、如層樓萬仞、廣厦千間、其勢必鋪張環衛、中間多是獻天金御屏土星格行度、若見千官凛立、萬車森羅、此便是廟廊氣象、出身壁立清峭、如雲烟斷續、星月流行、鴈影排

空蜒針點水其中多是金清水媚火影木華星格行
度若見圖書擺列琴鶴排連此便是清高氣象笙歌
影裡燈火光中此便是富貴氣象若一燈孤坐半戶
無扃陋巷規模夫何足道

看水

看山先看水是第乙捷法山廻則水轉水轉則山廻
山水初無兩樣但山形掩亂水性流通山有草木翳
藏水無遮隱易見觀水之長短可以知力量之遠近
觀水之聚散可以知融結之有無觀水之向背可以
辨主客觀水之出入可以定向止以大水看關局則

送龍之水、無有不顧龍者、以小水看堂局、則界脉之水、無有不顧穴者、此誠地理家單刀直入之法、若官鬼朝樂、非不各有一節之長、不似水之無所不包合衆法而一之者也、

河洛

水法之來、本於河洛、河洛爲千古理氣之源、萬化從此而出、萬法從此而立、不可不潛心體會、學者欲神此術、必須先開此眼、開眼時、如舉頭見日、萬象畢在目前、山川之形、不外尖圓曲直、山川之勢、不外遠近高低、山川之體、不外水泉土石、山川之變、不外闔闢

去來山川之情、不外生尅制化、探其賾、雖萬變莫窮、握其機、殆一笑可破、古人千言萬語、皆爲未悟者設法、若從祖壠上見得、即所稱方便法門、亦屬贅辭矣、術之所得者淺、精之所入者深、不論三教九流、方術曲藝、要到至處、皆不可雜以俗務、俗務日親、耳目日實、如鏡被塵埋、焉能照物、須謝去塵勞、如出家模樣、寄跡名山、縱觀都會、憑陵風景、笑傲烟霞、靜觀身世之浮沉、察陰陽之變化、如此、則法隨道轉、神逐機流、微妙玄通、不可思議、區區形迹、夫復何言、

象數

論術、先要論心、世間萬法、惟心所生、歷觀古人、凡擅一藝之長、未有不得意于象數之外、而能造其微者、故養由基之善射也、不以射而以息、張長史之善書也、不以字而以劍、所學在此、所以學又在彼、由此觀之、欲精地理者、當必有道矣、

頭腦

三教九流、總是一個頭腦、從頭腦上理會、自然易得明白、蓋渾沌之初、渾然一氣、此時不分陰陽、不見動靜、無所謂天、無所謂地、無所謂人、迨乎一氣肇初、兩儀初判、于是生天、生地、生人、生物、成此大世界、若非

動靜闔闢之功、則天地萬物、不可得而見矣、可見天地亦不能自爲天地、萬物亦不能自爲萬物、都是神之所爲、把這箇道理會思來想去、忽然心地開明、原來天地萬物、是這等來歷、是這般道理、得了這箇意思、自然日異而月不同、此開心明目、已試之奇方也、

感應

地理家說朝作應最妙、儒家常言感應、地理家止言應、而不言感、穴卽是感、此不感、則彼不應、廖老云、若是眞時來出現、假時難見面、蓋深得感應之趣者、予嘗見朝在百里之外、覘而視之、分肩對頂、毫髮不爽、

化工之妙、一至於此、粹言中引取水火一事、喻朝應對穴之妙、與疑龍經下卷議論、極是痛快、極是贊嘆、蓋其深窺造化之情、有不盡其形容者、故隨處叮嚀如此、後人讀此而不投袂起舞者、必其未見得也

折衷

今世學者、專言秘書、然何書可秘、古人說法、惟恐人不明白、橫說直說、左說右說、引到這條路、歷觀前經、可謂漏泄太過、學者不遇眞傳、如蚊子咬鐵牛、無入頭處、非經之罪也、

安止

論穴不在多言、只青烏經中、穴取安止四字、包括殆盡、眞穴自是安妥、假穴自是不安妥、郭璞所謂乘其所止、卜則巍所謂衆山聚處是眞穴、楊公所謂呼吸四圍無不至、廖老所謂穴若止時砂効用、不止自飛動、語有詳略、旨無異同、此先賢相傳之心法也、

活潑

爲土爲石爲水不同、總是一氣所成、石不過氣之堅、水不過氣之行、土不過氣之蓄、譬之吾人林林總總、頭顱各別、穴氣則同、勘得破、何怕是石、是水、是土、龍上一眞、是石也好、是水也好、古有天完之穴、鋤不可

入用遣鐫開塟者、有穴在水中、塟後水乾者、有堅墩石泡、潛在水中、開見石匣、放棺封固如初者、有落頭就簷開井、淸液流出、用鐵鉤鉤起懸塟、泉從棺底聽其自流者、皆不害其爲吉塟、

提徑

緊要看法、只有几處、後頭出處看脉、止處看朝、中間看斷、兩邊看纒、疑似看背面、來去看動靜、山不分背面處看脉、脉同關局處看朝、朝又看穴、穴又看脉、重重關鎖、節節勾連、如常山之蛇、擊尾首應、此觀山之捷法也、

主客

以朝取穴、固是捷徑。然精神一槩看在朝上、又不免有失主逐客之弊。蓋本星眞體自具、眞氣自存、有不以朝之有無爲起滅者。故又教人以對面反觀之法、蓋善相者、能見人之面、而不能自見其面、身在本山、何能自見龍穴之巧、有他山可見而本山反不可見者、有近不可見、而遠可見者、對面細觀、不獨得其形貌、并其精神、俱得之矣、此穴之實際也、

要領

取穴之法有四、其一以龍脉入處取之、其二以收拾

左右手取之、其三以收拾堂局取之、其四以朝應取之、何也。若龍穴廣邈、朝應俱善、水城皆順、向背皆利、則當以龍脉入處取穴。若主峰不正、龍脉相背、而左右勻停處有穴、則當以收拾左、右手取穴。若龍脉斜來、龍虎不停、乳頭不正、坡窩難定、則當以大、勢堂局取穴。若穴有三四並頭而出、脉有數枝奔迸而來、左脇觀之、自有龍虎、右脇觀之、亦有龍虎、如此、則又當於朝、應、處、取穴、檢點仙跡可以見矣。

妙用

開穴之法、寧過小、毋過大、寧過淺、毋過深、寧過緩、毋

過急、故古人有探穴之法、由小及大、由淺之深、惜土如惜金、蓋慎之也、假如葢穴、須在暈頭虛處掘起、抵暈頭上弦　放棺方是、若就暈上弦掘起、深入暈心、則犯濕矣、豈不失穴、釘定不移、此是穴法、侵上侵下、是吞吐穴、或淺或深、是浮沉法、一箇穴中、有許多妙用、若只點箇呆穴、信手打下、雖不失穴、寧不失氣、

立化

士之欲袪飢寒臻富貴者、莫不知求地之為急、至於方外之士、修真煉道之輩、多論不及此、豈以賢不肖惟人自造、通與塞惟運是從、于此固無與哉、不知風

水一事世緣賴以不墜、道緣亦相待而成、蓋苦行極
修、不若乘時馭氣者、其托化爲尤易也、天地猶大冶、
生人生物、只是此機、長生家、竊之以超生神、堪輿家、
竊之以活死骨、皆是物也、二者法力最大、苟得其訣、
眞可以再造乾坤、別立性命無難者、何也、天地人鼎
立而爲三才、才者能也、天亦只有這些能、地亦只有
這些能、人亦只有這些能、三者力量、俱足以相當、是
故足加帝腹、而天象潛移、五星聚奎、而羣賢疊出、延
翰地成、而屬星高照、彼感此通、如呼如應、未有天之
所至、而地或遺之者、未有人之所至、而天地不從之

者也可見地理之法亦寰宇中匡扶之大化羽翊厄運所不可少者今也生五陵之內際八百之期則超世之談亦正應緣之士所不深諱爲聖爲賢爲仙爲佛皆天地間一種清氣所成而結作微有不同聖賢之地多土少石仙佛之地多石少土聖賢之地多清奇秀雅仙佛之地多清奇古怪清秀者不去土以爲奇不任石以爲峭祥如鸞鳳美若珪璋重如彝鼎古若圖書翰墨流香富難敵國清光太露貴不當朝文章超翰苑之清風骨堪蓬萊之遐造履端莊道垂千古慧多福少廟食萬年清奇者如寒梅瘦影骨格僅

存野鶴羸形、神光獨見、橫如步劍、曲若書玄、尖如萬火燒丹、直似九天飛錫、岩空欲墜、峯缺疑傾、大抵禀氣交清、煉形過喬、一塵不染、惟存江月之思、萬刧皆空、不作風塵之客、更看祿神兼參福氣、得天祿者、上天真宰、得人祿者、平地神仙、清如帶福、綺羅叢裡播玄風、應若逢空、清淨一中持佛戒、所貴清純、猶嫌不足、不足則形虧、形虧則[illegible]變、[illegible]蛇不出、終滯函關、灵鶴不來、應難羽化、依稀物類之微、實造化自然之妙應、有能不忽斯言、吾與汝、同觀玄化、

拘泥

地理家、文字眞僞並陳、或一事而數名、頭上安頭、脚下注脚、此如人一也、有乳名、有官名、有表名、有號名、又有野號道號、這些名字與鄉人全無干涉、地理家可咲、亦正如此、勘得破、便見前人立言有許多破綻、如劉上牢作家寶經、謂界水深九尺、穴深九尺、何等窒礙、魏成叔作萬金穴法、不曰貼身直砂、則曰砍射、何等紐捏、二公皆一代名師、而猶有此失、他可知矣、又如空手把鋤頭等語、本禪和家機鋒、今人不知此爲何物、競相傳誦、以爲無上玄解、以此言地、不亦難乎、

談餘

懸棺之法不復、則震撼之勢必棄、古人見龍格之眞、既不可捨、入首之雄、又不可犯、於是大開金井、深濶各數丈、砌槨懸棺、四面皆虛、以取其氣、不就其脉、葢氣逢虛則緩、雖有麄厲、亦變而爲冲融矣、此術家無邊法力也、地理之學、如出重關、一步緊一步、尋龍是有無關、點穴是得失關、作用是生死關、一關不透、終落空亡、欲免空亡、先須受法、當先其所難、點窩鉗乳突不難、尖直平濶則難、尖直易至于犯殺、平濶易至于脫氣、非得穴情、未可輕下、五行變化、只是這些生

機、穴中點用、亦只是取這些生意、所謂金尋開口泡、木尋包節芽、水詳曲摺路、土取角觚襟、火取熖動之類、皆以生意爲言、若頑金無水、重土無金、强木無火、此等皆無生意、命根以絶、形所不葟、術家又有接肏之法、用開金取水、插木生芽、頑金不化、水將焉取、强木不變、芽從何生、不知頑金雖不露水之形、而金爲水母、其中已涵水之氣、如枯木本無火、鑽之而火即燃者、其氣先具也、知此、無不可取之氣、亦無不可化之殺、點穴無他法、只取得氣出、收得氣來、便是悟箇中元機、直剪橫裁、自是作用妙手、若倣倣比擬依樣

畫葫蘆、何時是了、

正決

人爲名利忙忙、世間得喜失悲、豈丈夫之志哉、貴賤根源、那有几人勘得破、有几人參得明、不察廢興由地理、得失在人爲、全要靈臺一點之中、又分明暗二路、善行者、步步高超富貴、人丁其智慧明而已矣、不善行者、步步低漸貧賤之人丁、其愚昧暗而已矣、勉種善根、自別明暗、親正遠邪、何愁無地、嗟夫得地非難、得人最難、所謂千里馬常有、而伯樂不常有、蓋聞金石之有聲、擊之而後鳴、賢者之有才、用之而後

見國有賢良、社稷之福、家得明師、子孫之昌、正是天
向一中分造化、人從心上起經綸、眞乃萬化之源、富
貴之基也、眞人云、正者潛修德不奢、邪人詐得湯矜
誇、正邪二道從何涉、到底邪人不到家、有禪師云、學
無先後、達者爲先、仁者樂山、智者樂水、若使是人都
覺悟、世間貧賤教誰做、嗟夫、

方外別傳卷之二

聰齋晴峯註述
傳德臨李玉書
戴世懷校

地理規模

天有五星，知五星者爲主見，而備五星者爲規模也。地有五形，知五形者爲主見而成五形者爲規模也。人有五德，知五德者爲主見而具五德者爲規模也。有主見則有規模，無主見則無規模。日月乃天之大規模，天爲日月之主見（太陰太陽）。乃地之大規模，地爲陰陽之主見。綱常乃人之大規模，人爲綱常之主見。規爲虛屬陰分，模爲實屬陽分，規模之義盡於此矣。主在內屬心位，見在外屬形位，主見之義盡於此矣（二義剖析甚明，爲一書之大旨）。無規模則無可用，主見有主見自方用規模（此二句着二用字更爲親切）。名之以主見規模，半由天機，半由人也。主造化宰化工，知天地並育並行，同陰陽不害不悖，神同天神，心同天心，正所謂人心物理相爲流通，地理天文合一而無二者也。

天道廣濶盡是星辰，無閑空處；地道廣濶盡是河岳，無滲漏處。辰統乎星，即脉貫乎穴。是以穴無正形，則脉必僞；由之星無辰貫，則穴必假。見脉之生死，知穴之眞假；見穴之眞假，知脉之死生。死生眞假，一見可决，必須有主見者，方可用規模也。天之無星處皆是辰，地之非山處皆是水，河岳即山水也。脉是生氣，細活爲高，星是胎塊，嬌嫩爲妙。脉粗長，殺烝橫多，星體弱，生氣不固。

死

生

胎

弱

主星美惡，爲一局之規模，四方之儀則，所以總百官而臨兆庶者也。譬之兵無主將，則士卒紛紜，無統緒，必喪師失律；國無主君，則奸雄窺竊，無統緒，必相競不寧。縱得砂水之妙，終爲大成之虧，况無主星，其何以抵敵？砂水抑亦不成規模。

一字當是異字

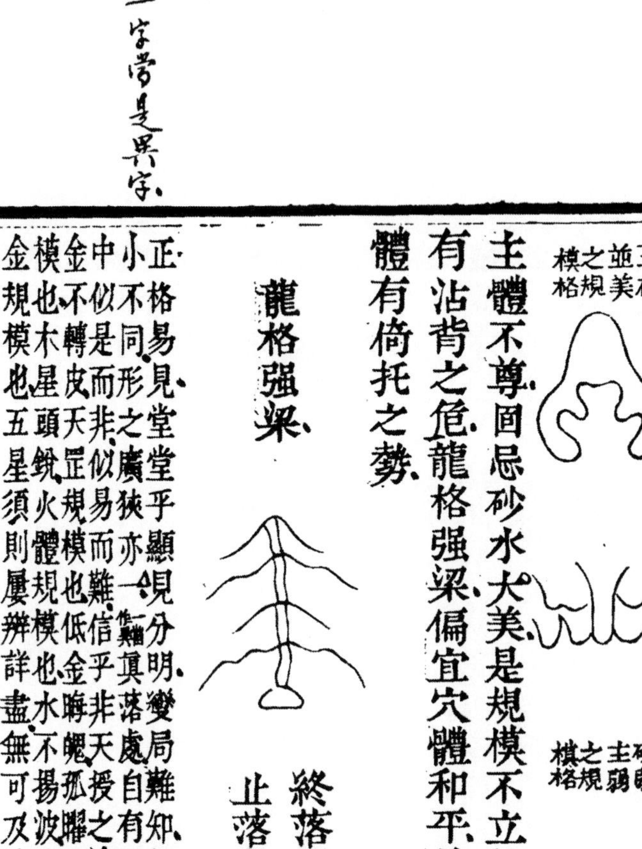

主體不尊回忌砂水大美是規模不立於止處而主見（見字作體字為是）有沾背之危龍格强梁偏宜穴體和平是規模既立於止處而主體有倚托之勢

龍格强梁

終落平和穴體之規模

止落處陽落更好

正格易見堂堂乎顯見分明變局難知紛紛然弄影藏形山之大小不同形之廣狹亦一偏眞落處自有規模妙用處自有主見其中似是而非似易而難信乎非天授之資神授之妙鳥可望此高金不轉皮天罡規模也低金晦氣孤曜規模也火星無焰木體規模也木星頭銳火體規模也水不揚波流星規模也土非斜坦頑金規模也五星須則屢辨詳盡無可及此

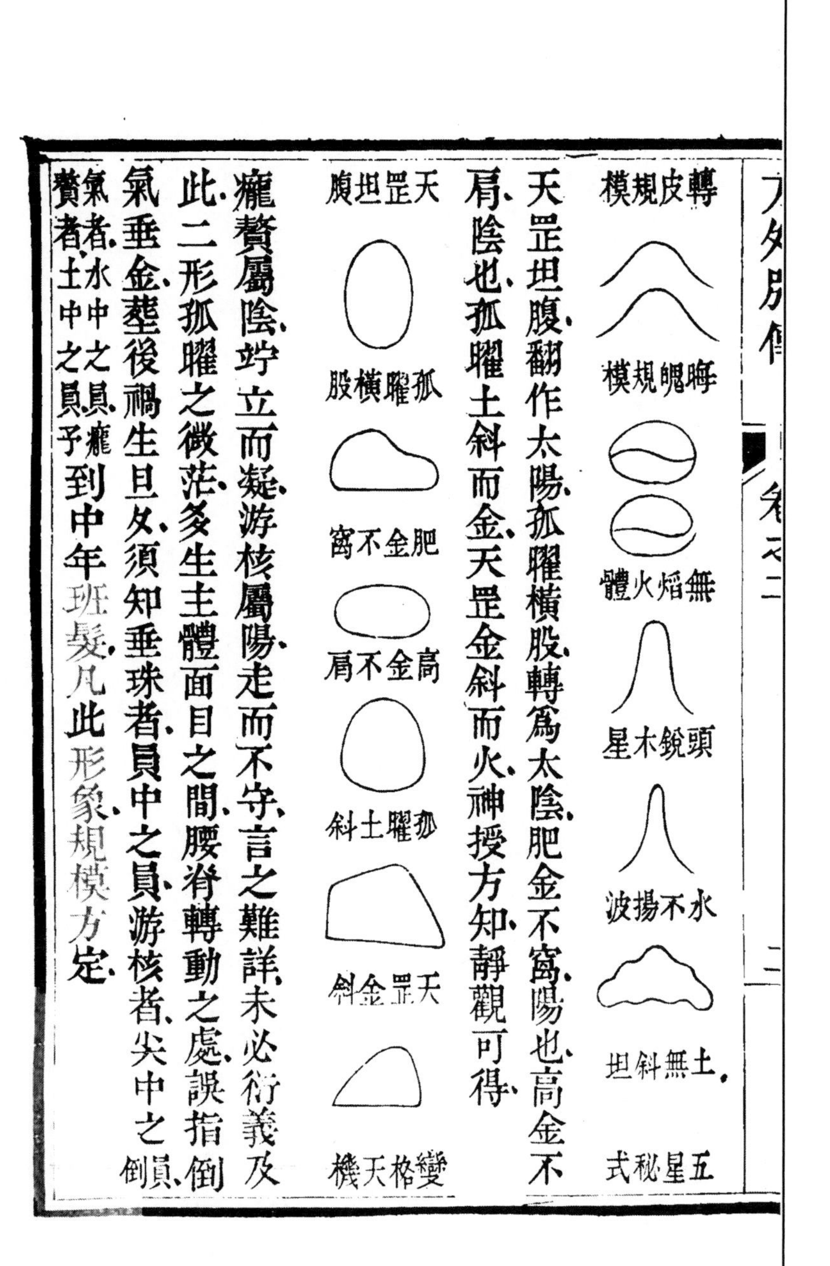

天罡坦腹、翻作太陽、孤曜橫股、轉爲太陰、肥金不窩、陽也、高金不
肩、陰也、孤曜土斜而金、天罡金斜而火、神授方知、靜觀可得、

壅贅屬陰、竚立而凝、游核屬陽、走而不守、言之難詳、未必衍義及
此、二形孤曜之微茫、多生主體面目之間、腰脊轉動之處、誤指倒
氣垂金、甃後禍生旦夕、須知垂珠者員中之員、游核者尖中之員、倒
氣者、水中之員、壅贅者、土中之員、予到中年班髮、凡此形象規模方定、

垂金規模員中之員

游核格式尖中之員

倒氣規模水中之員

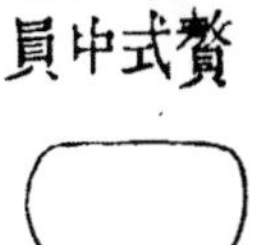

龐贅格式土中之員

此四圖并下天淸十圖俱差

天罡高大屏帳一方、孤曜肥厚威鎮三面、天罡金頭木體、金尅木、木得土則有養、孤曜土頭火脚、水尅火、火得水則有制、一有扦作、便見發動、一見發動、便須更改、二體不畏侵削、亦如石體不避風寒耳、

二圖、前書多繪、但義未到此極處、

天處高而聽卑、地處濁而淸高、天淸之義、卽輕淸上浮者也、天之規模弘遠、是以天淸多無直格、穹窿無際、爲天純粹不亂、爲淸可高可下、但要成格、

展誥第一天清

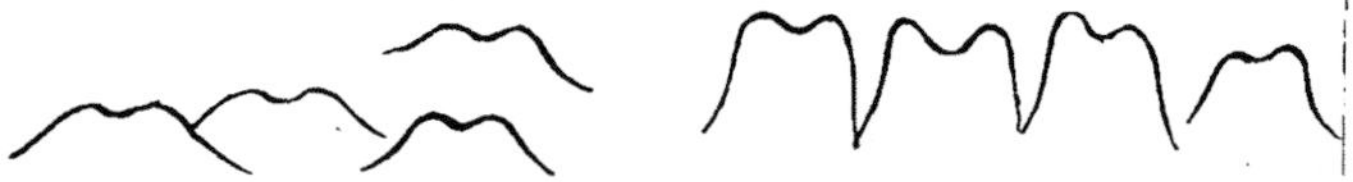

紫氣第二天清

天財第三天清

玉屏第四天清

天馬第五天清

貂弓第六天清

舞鳳第七天清

娥眉第八天清

羣鴈排空第九天清

羣驥奔槽第十天清

以上天淸十格、發泄已盡、至此之規模、極妙之格局、帝王將相
神仙之妙、無以至此、皆前之所不能及者、
木星體瘦、多無穴情、紫氣星肥、坦夷堪穴、故木星喜砂見挺拔規
模、紫氣作主山渾融度量、　二圖不必畫、
五里之龍、不宜過峽繁重、一線之脉、甚忌援拔衝破、過峽繁、則忌
穴恐胞胎不固、拔扯多、則忌龍恐血氣不敷、當加察識之功、毋蹈
履錯之咎、有龍無穴、龍脊取、如騎龍寄龍之類、如順倒先仰、皆是正騎、曰寄、有
穴無龍、脉身求、如續尾繼尾之類、
一義遷龍妙訣、古所未有、
天罡純陽之金、來脉要陰、孤曜純陰之金、來脉要陽、男女搆精、萬
物化生、越此、則爲孤陽不生、孤陰不成、乾道變化之理乖矣、
天體員、多傾西北、地體方、不滿東南、太極一動、便見一靜、以滿掐

損也地學如之太陽之體以日擬之日本員而生窩轉水者天傾
西北之義也西屬金而北屬水也　太陰之象以月擬之月本員
而或半伏弦者地不滿東南之義也東屬木而南屬火也主見規
模釋義至此則是天之精地之髓陰陽之神鬼神之秘山川之靈
似不能外此理而成規模似不能外此義而爲主見
金水行龍走馬連疊與蛛絲馬跡相似但蛛絲如脉甚小馬跡開
口陽金分別又大不同也
木火行龍奔騰踴躍與飛鸞舞鳳相似但飛鸞乃木火通明之格
舞鳳爲金水相生之體分別亦不同也
然蛛絲馬跡亦有行龍必落于平坪者爲穴而飛鸞舞鳳亦有結
穴必聳于雲漢者爲龍此二段大綱大格大規大模豹變之義於
斯爲至

蛛絲真格

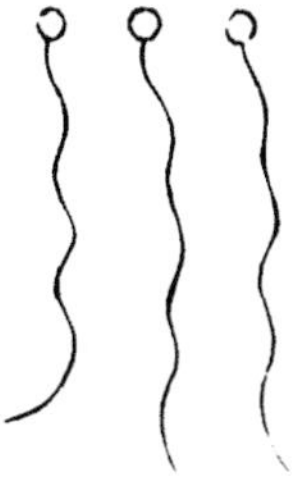

馬跡真格

飛驥真格

舞鳳真格

四圖近古未有蛛絲盡處、馬跡張處、方可受穴、不然龍也、飛驥不止、舞鳳不靜、皆是假龍、不然穴也、二端理論、更有誰人開口着手處、

串珠一格、格疑作脉杖作委曲入格者吉、急直者、終有滅𣿬之禍、 倒氣一穴坦腹者入格、横稜者、久有不振之弊、 垂珠一格、員活者入格、頑呆者、必遭敗絶之殃、 別卷也會細說到如今、方得透徹脉小星微、不得不細詳也

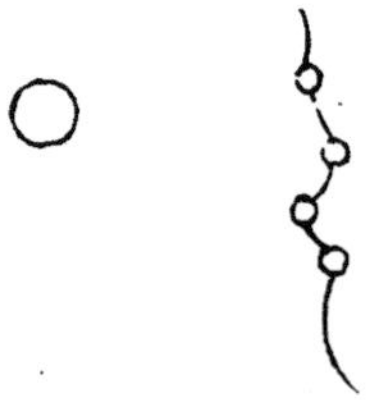

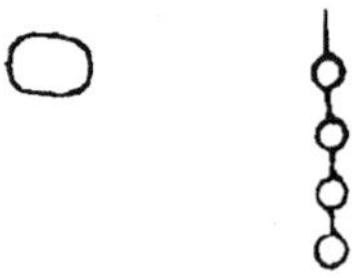

委曲串珠脉格

急直串珠脉格

倒氣横稜之格

垂珠員活之格

垂珠頑呆之格

倒氣正格見前、

五圖再莫着手、須靜玩、得其中底意思、方有主見

雙溪云奧妙如夢方覺、

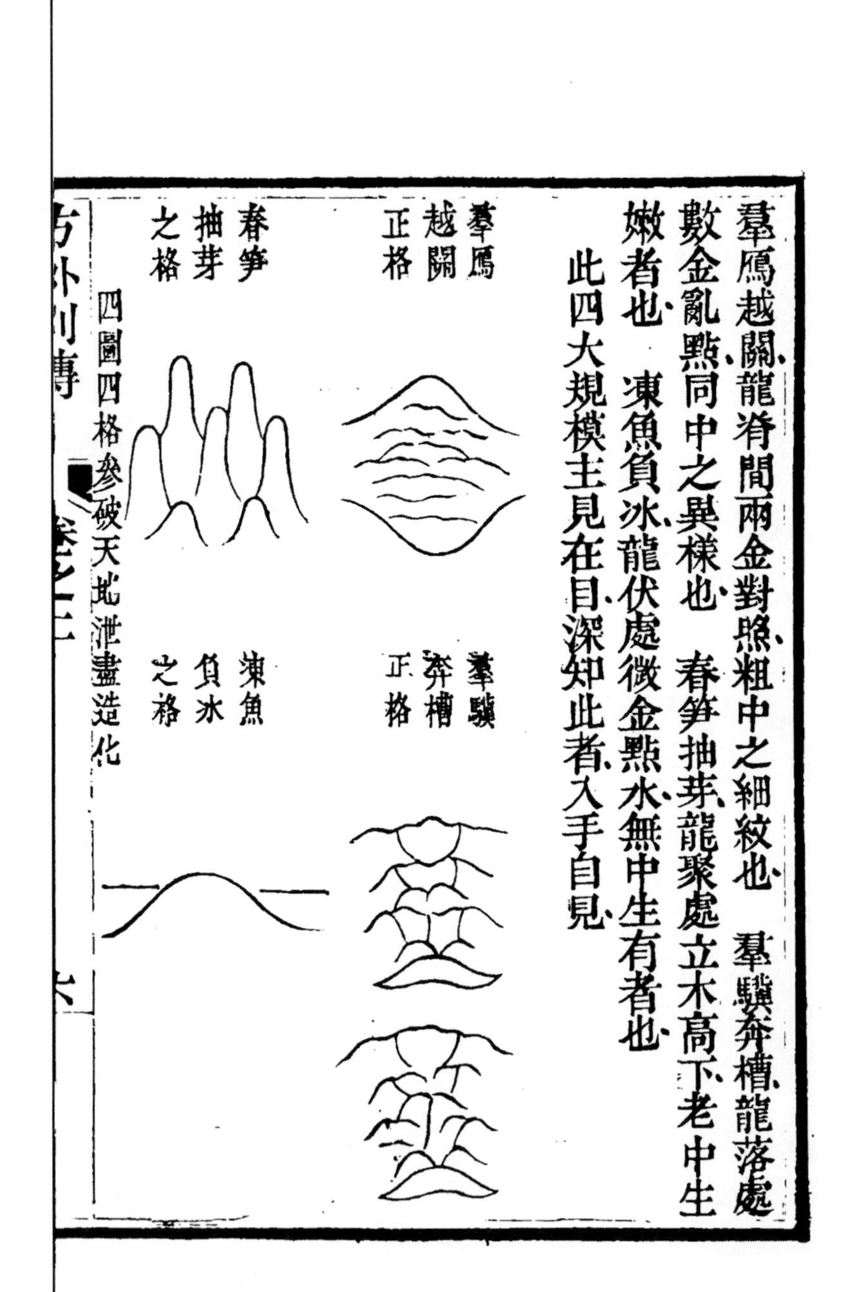

羣鴈越關、龍脊間兩金對照、粗中之細紋也、 羣驥奔槽、龍落處數金亂點、同中之異樣也、 春笋抽芽、龍聚處立木高下、老中生嫩者也、 凍魚負冰、龍伏處微金點水、無中生有者也、

此四大規模、主見在目、深知此者、入手自見、

四圖四格參破天地泄盡造化

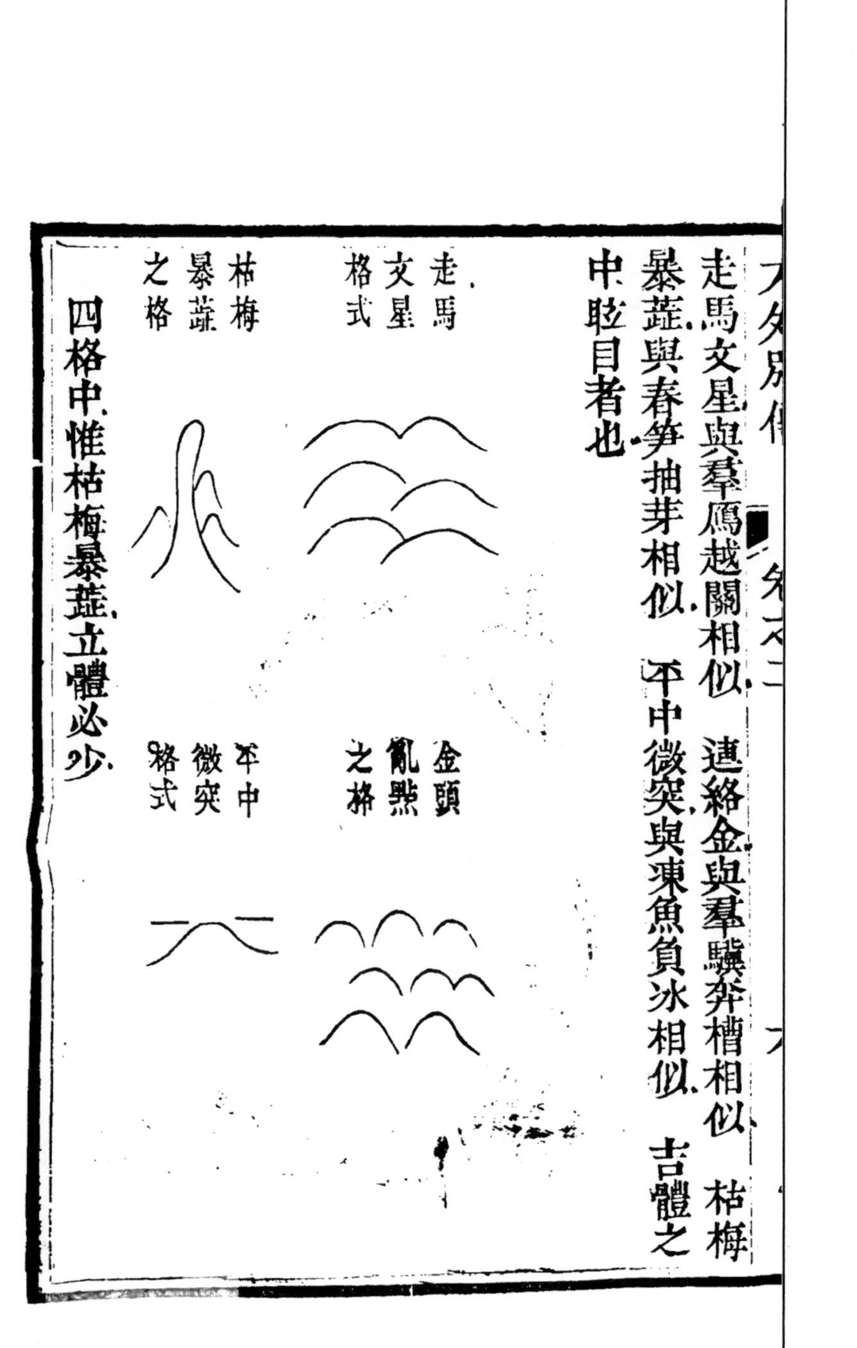

走馬文星與羣鴈越關相似、連絡金與羣驥奔槽相似、枯梅暴蓝與春笋抽芽相似、平中微突與凍魚負冰相似、吉體之中眩目者也、

四格中、惟枯梅暴蓝、立體必少、

連氣孤曜、與走馬金水相似、
風炎燥火、與春笋抽芽相似、
翻面拖蕩、與蒼龍攪浪相似、

合氣天罡、與牽連金土相似、
初生游核、與平中微突相似、
此凶體之中迷心此也、

連炁孤曜之格

初生游核之格

四格外、走馬金水、即走馬文星、

合炁天罡之格

翻面拖蕩之格

圈金一體而分周圍乾净十分難得穴體低陷砂水面潮内合太縈外山湊密發福不難衰敗也易　縈局之内取寛舒以爲規模窄局之外取廣濶以爲規模圈金穿狹主凶囚之非窄局寛平得貞吉之妙此至理也　圈金之内要吉體磊落窄局之外要吉體威嚴不磊落必有蹙眉之患不威嚴也有剥床之殃此妙訣也天清之體如水連天風静浪微天連長江浪生雲外三點五點峙立班班五頭六頭並肩秩秩無叢生之上無交平之下圖析詳見

看此毛髮竦起　雙溪云然

頑金疊疊龍不可用單行浪水迢迢脉不宜做好看脉本陽偏宜陰落穴本陰又欲陽凝陰落貫四肢通五臟往續不敬陽凝乘生氣蘊精神含蓄無窮入手主見自得規模

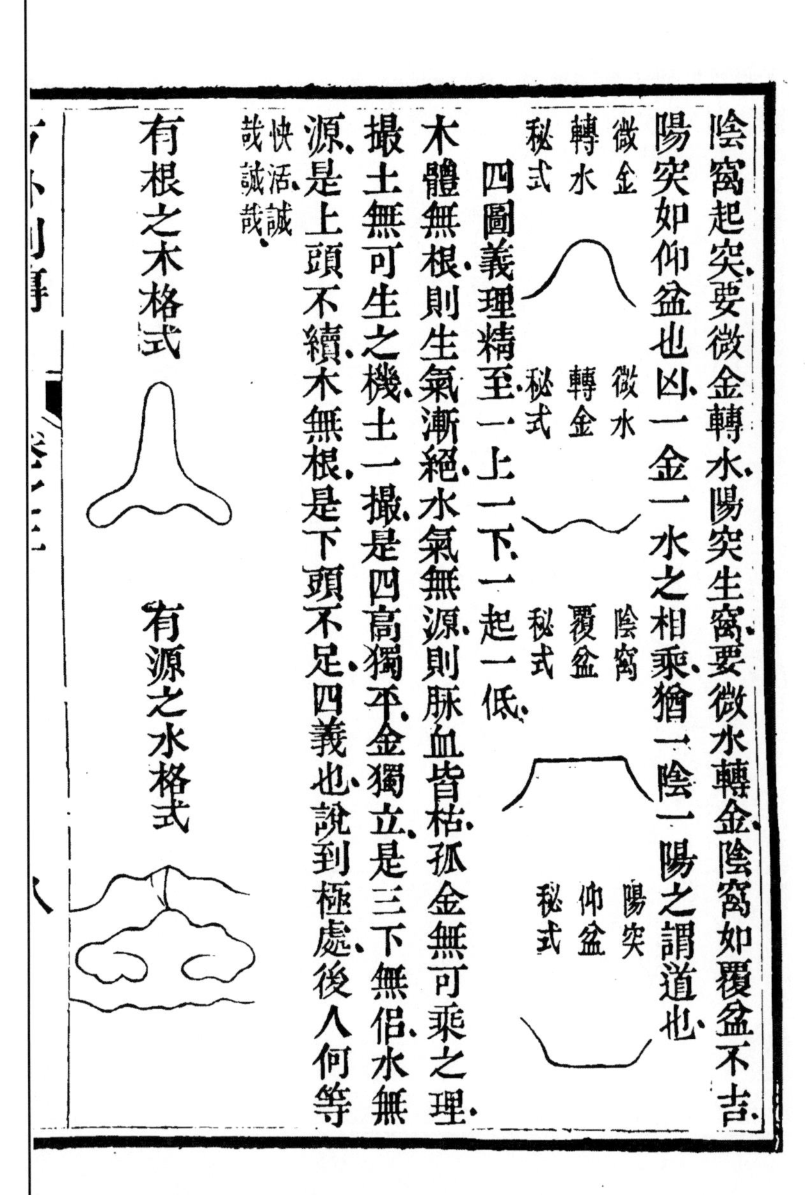
陰窩起突，要微金轉水。陽突生窩，要微水轉金。陰窩如覆盆，不吉。陽突如仰盆，也凶。一金一水之相乘，猶一陰一陽之謂道也。

四圖義理精至，一上一下，一起一低。

木體無根，則生氣漸絕。水氣無源，則脉血皆枯。孤金無可乘之理。撮土無可生之機。土一撮，是四高獨平。金獨立，是三下無侶。水無源，是上頭不續。木無根，是下頭不足。四義也，說到極處，後人何等快活，誠哉誠哉。

有根之木格式

有源之水格式

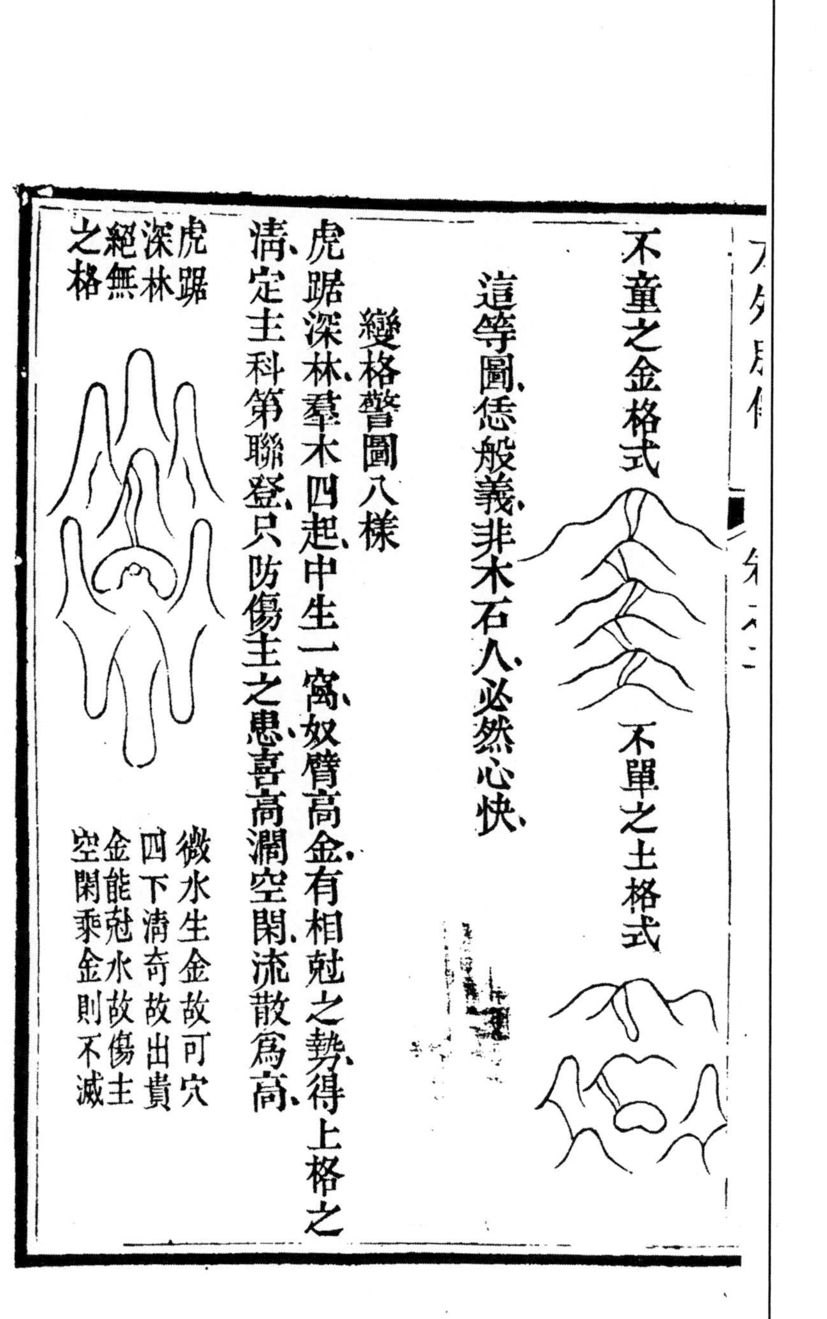

不童之金格式

不單之土格式

這等圖、恁般義、非木石入、必然心快、

變格瞽圖八樣

虎踞深林、羣木四起、中生一窩、奴臂高金、有相尅之勢、得上格之清、定主科第聯登、只防傷主之患、喜高濶空閑、流散爲高、

虎踞深林絕無之格

微水生金故可穴

四下淸奇故出貴

金能尅水故傷主

空閑乘金則不滅

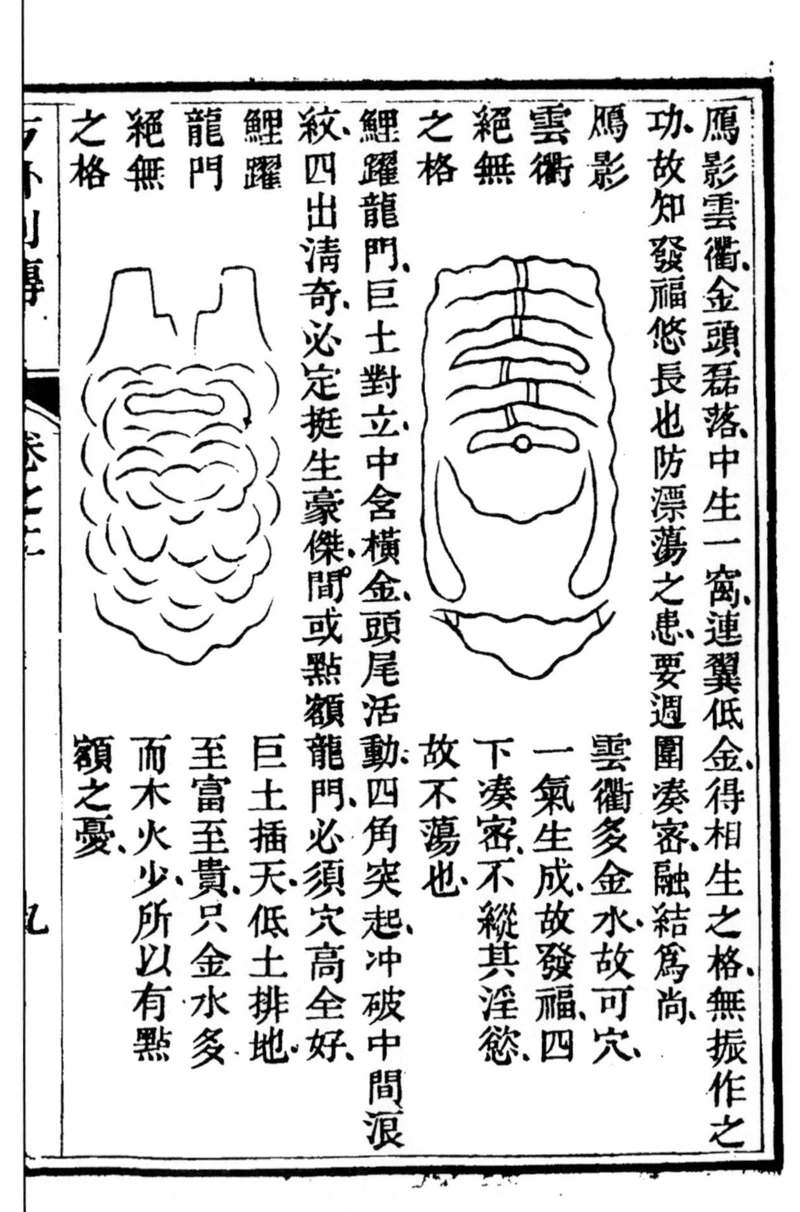

鴈影雲衢、金頭磊落、中生一竅、連翼低金、得相生之格、無振作之功、故知發福悠長也、防漂蕩之患、要週圍凑密、融結為尚、

鴈影雲衢絕無之格

雲衢多金水、故可穴、一氣生成、故發福、四下凑密、不縱其淫慾、故不蕩也、

鯉躍龍門、巨土對立、中含橫金、頭尾活動、四角突起、冲破中間浪紋、四出清奇、必定挺生豪傑、間或點額龍門、必須穴高全好、

鯉躍龍門絕無之格

巨土插天、低土排地、至富至貴、只金水多而木火少、所以有點額之憂、

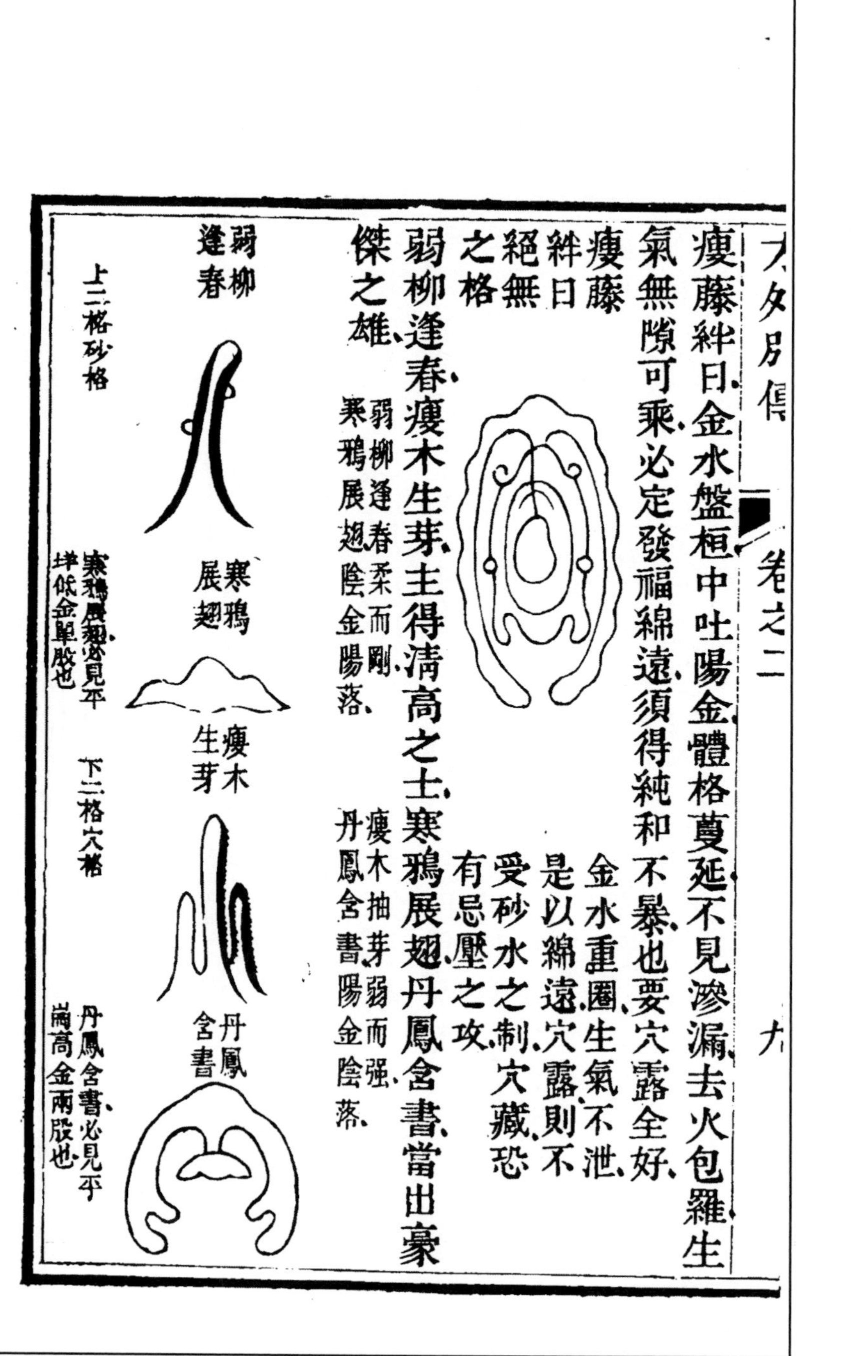

瘦藤絆日、金水盤桓中吐陽金、體格蔓延不見滲漏、去火包羅生氣無隙可乘、必定發福綿遠、須得純和不暴也、要穴露全好、

金水重圍生氣不泄、是以綿遠穴露則不受砂水之制、穴藏恐有忌壓之攻、

瘦藤絆日絕無之格

弱柳逢春、瘦木生芽、主得清高之士、寒鴉展翅、丹鳳含書、當出豪傑之雄、

弱柳逢春柔而剛、寒鴉展翅陰金陽落、

瘦木抽芽弱而强、丹鳳含書陽金陰落、

冬鯉沉冰、期子牙之佳軸、陰金微見于平坡、
老猿扳木、符子平之妙筭、陽金微見于平脊、

老猿
扳木

冬鯉沉冰圖已見前、彼以形
似言、此以効驗言、故異、

奔馬回朝、其格、五星博換、湧躍濤書、大規大模、舉目可見、

奔
馬
回
朝

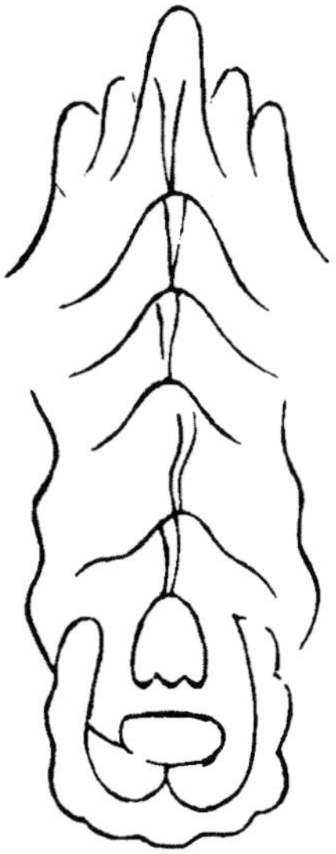

奔馬是龍之雄健、
朝堂是砂之灣回、

鳴鳳朝陽其格、陰金鼓翼陽金端嚴高出絕項、舉目可見、

鳴鳳朝陽

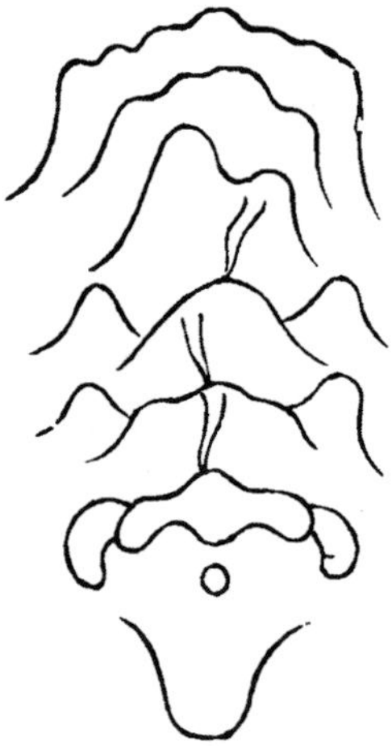

鳴鳳是低金細膩、陽是對山高金也、

蝶藏花枝

蝶藏花枝、其格、細暈重觀、陰陽交媾、幽隱潛藏、體貼方知、

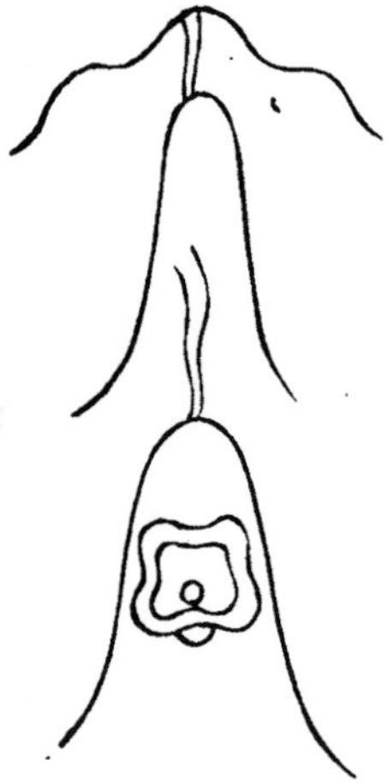

花枝是木體、花蝶是金水、細紋難見、

魚沉水底、其格式處平坦、陰金作影、有影無形、體貼方知、

魚沉
水底

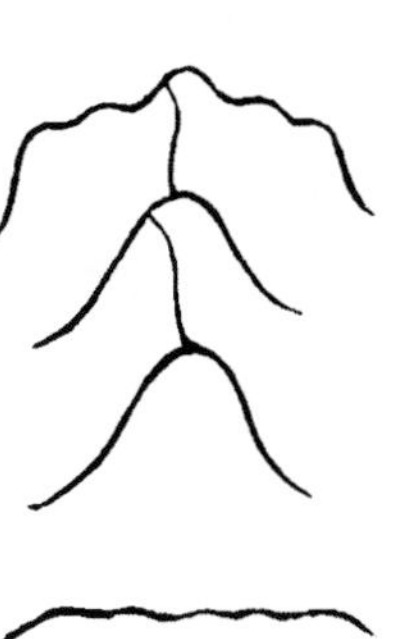

員水是沉中之浮、此格是浮中之沉也、

至此三十七段、七十四圖、其中一字之異、一筆之殊、盡是分毫髮于萬里、以後又十八般圖格、

廉貞作祖、侵入雲端、奔騰踴躍、文武護從、一尊自如、萬象拱列、五星應位、此帝王篤恭之規模、

身帶部從、伏地鑽天、揚波激石、布軍列甲、劍戟森羅、怪石凶聳、木火連天、此公侯奕世之規模、

堂局廹窄、穴立幽閑、翻身結局、砥柱中流、銅城鐵壁、木案金池、帳幙重圍、此運籌帷幄之規模、

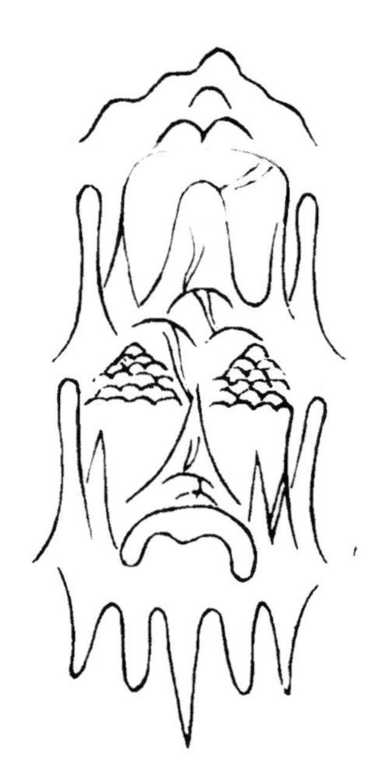

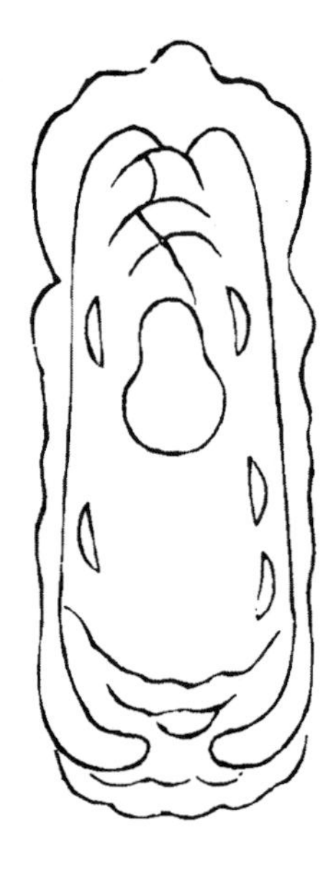

兩金排菓、三臬蘆花、形合仙橋勢若雲衢、怪石巉巖天清作對、護衛整齊此清高神仙之規模、

師帷簾幙、頭角崢嶸、侵入霄漢、落到江河、崩洪度脉、退卸無踪、穴立萬仞、此出將入相之規模、

五星低見投東轉西、避嫌縮首掩面潛形、星微而彰穴顯而藏、砂情顧盼此聘出佐主之規模、

起處豐隆續後瘦削、龍來曲折穴立窩藏、陰金作案陽主爲朝、粉黛烟花此宫后妃嬪之規模、

局面寬容、棲身的白、
體端尊嚴、氣概磊落、
四傍拱揖、鼓角樓臺、
排衙唱喏、此官秩蒞
衙之規模、

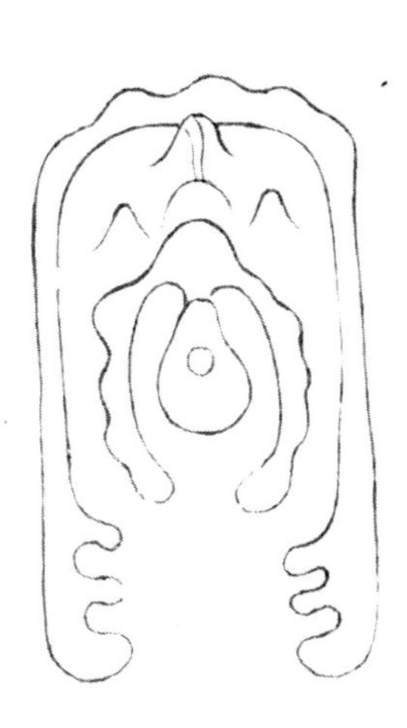

兩金間水、水少金多、
土石對見、渾厚如倉
豐富如庫、穿田過峽
水曰交流、穴星中落、
此富擬陶朱之規模、

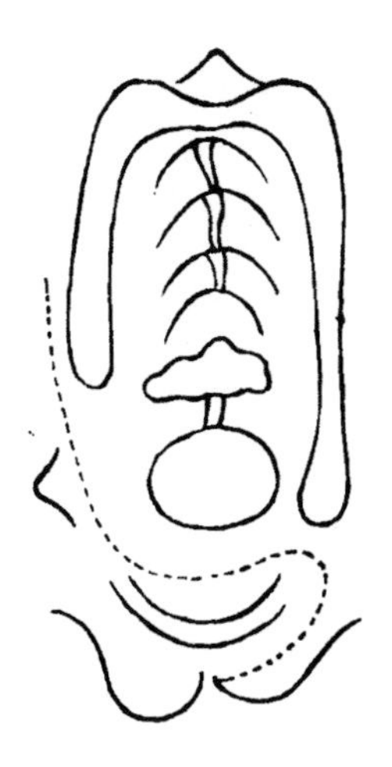

土庫帳火、倒木横龍、
豚落文波、長短閃闞、
天池華翠、金玉鏘鏗、
砂清水秀、此奕世書
香之規模、

首出雄䃂、卸豚悠揚、
行勢迢迢、山麓止處
金星轉頭、帶外山以
爲衞、接前案以爲朝、
此雄振一方之規模、

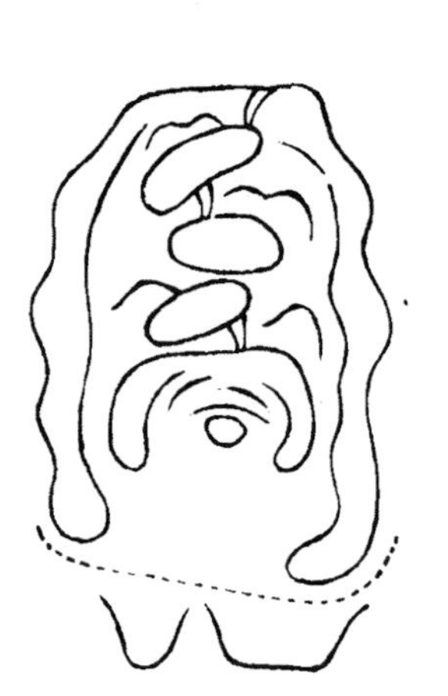

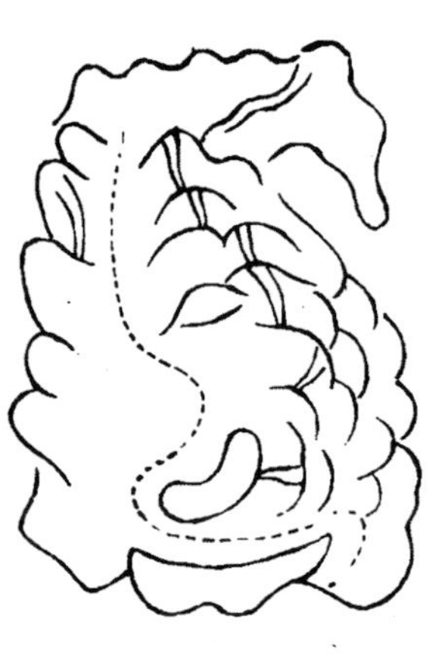

金作華蓋、浪起飛鸞、
幹龍直出枝種連連、
自爲羽翼風無所乘、
殺無所展此人財並
大之規模、

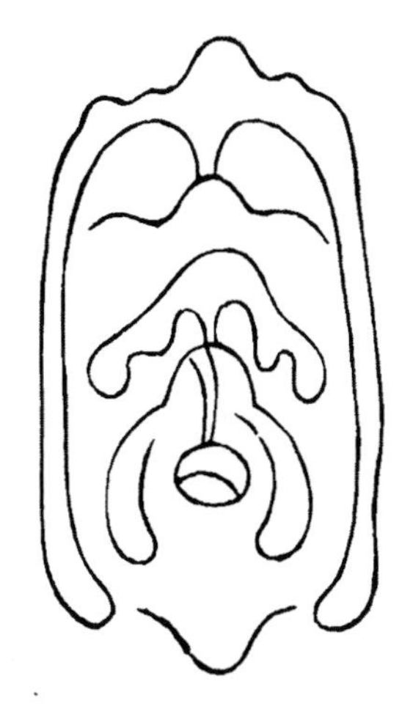

枝麓凌利解脫分明、
離形弄影門戸清靜、
清勝樓目近看則有、
遠望又無穴如娥眉、
此美女窺簾之規模、

龍勢迢遞、來而又止、
起而又斷、綉針穿簾、
遮頭掩面、面對淸高、
低落平洋、此淸高隱
逸之規模、

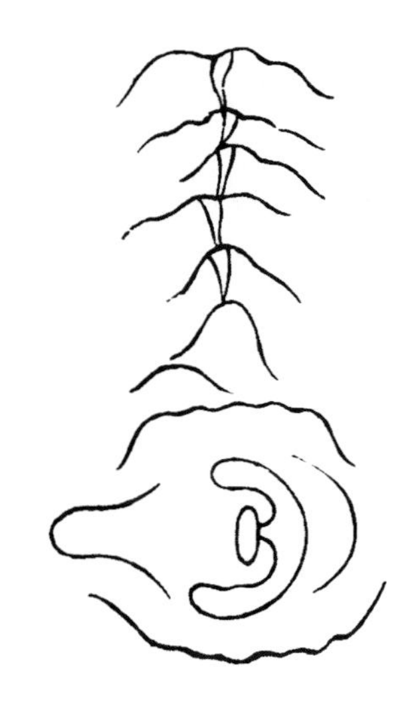

主山端厚、來山豐逸、
豚體委蛇、陽金作穴、
陰金爲朝、陰金爲照、
木火所微、散金纍露、
此富而好禮之規模、

龍帶木體、頭面微平、腰肢嫩相、其來坦坦、其落平平、局本中和、穴星單隻、此貧賤自樂之規模、

纔起高山、遂落平洋、一起一伏、一顛一倒、背倚後托、面對前朝、潮潤傾來、無可投納、此條發條落之規模、

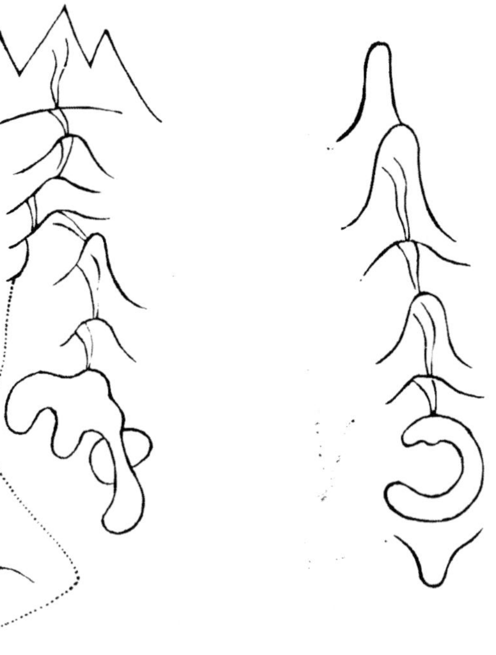

初發之山、火焰連天、
終落之山、體近水澤
四對紛紛、平湖渺渺、
脉蕩穴頽、砂散朝亂
此凶惡淫慾之規模、

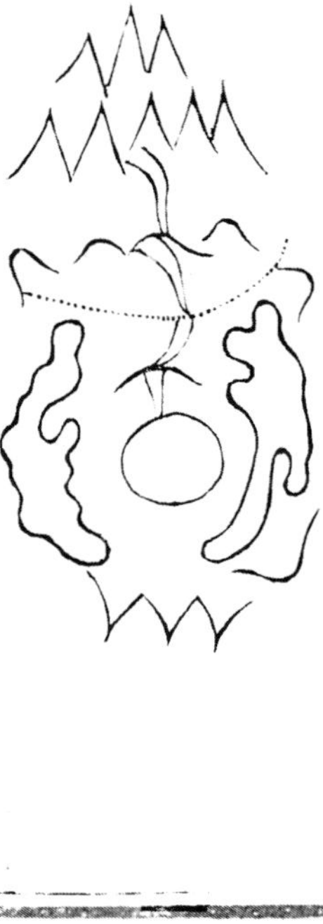

餘山不能盡體、大約美格、不越乎此一格可破十格、久玩方有味、果能旨近而遠、圖易而難、章章大義奥訣、非心契、不足以見此訣言

地理原來術多端、　須知異格十八般、
般般點破箇中事、　到處憑君仔細看、

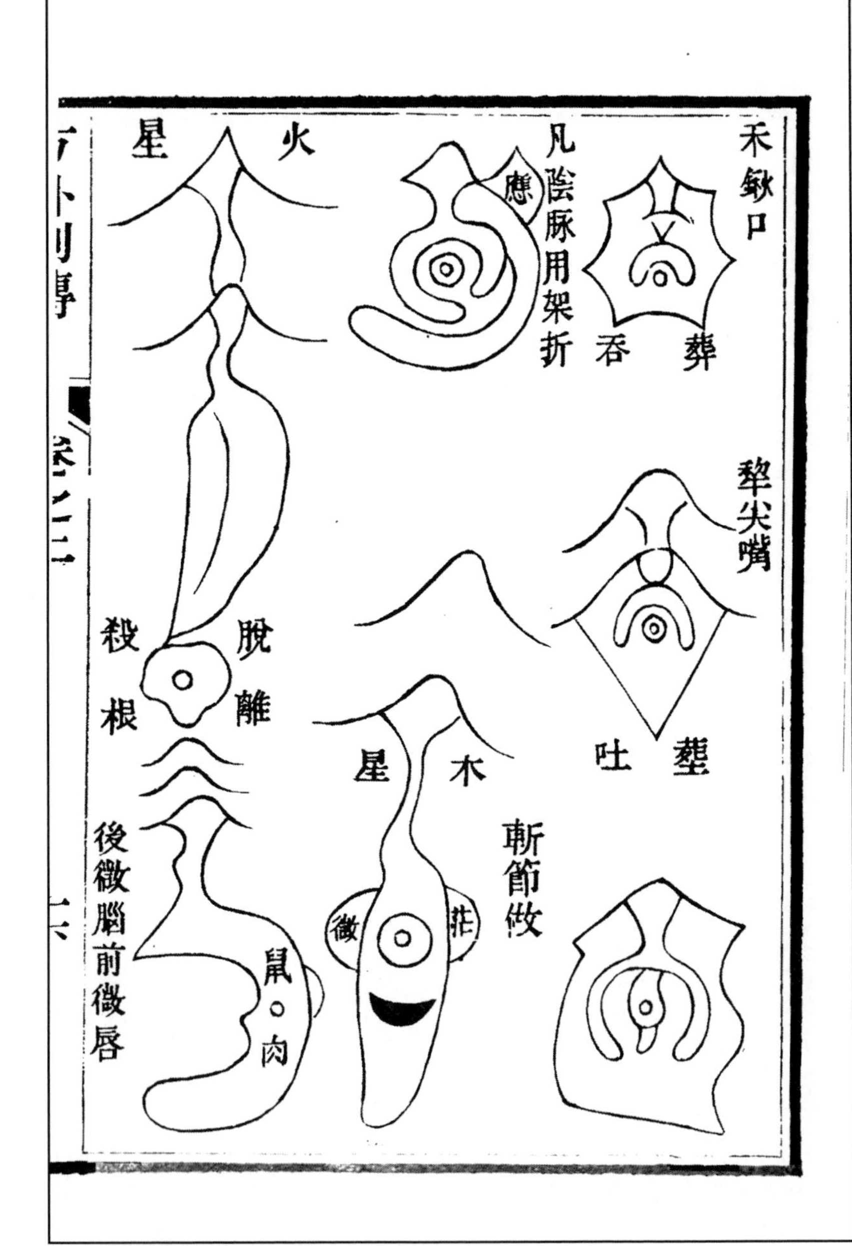
禾鍬口
葬
吞
凡陰豚用架折
應
火
星
犂尖嘴
吐
埜
脫離
殺根
木
星
斬節攸
後徵腦前徵唇
鼠
肉
徵
非

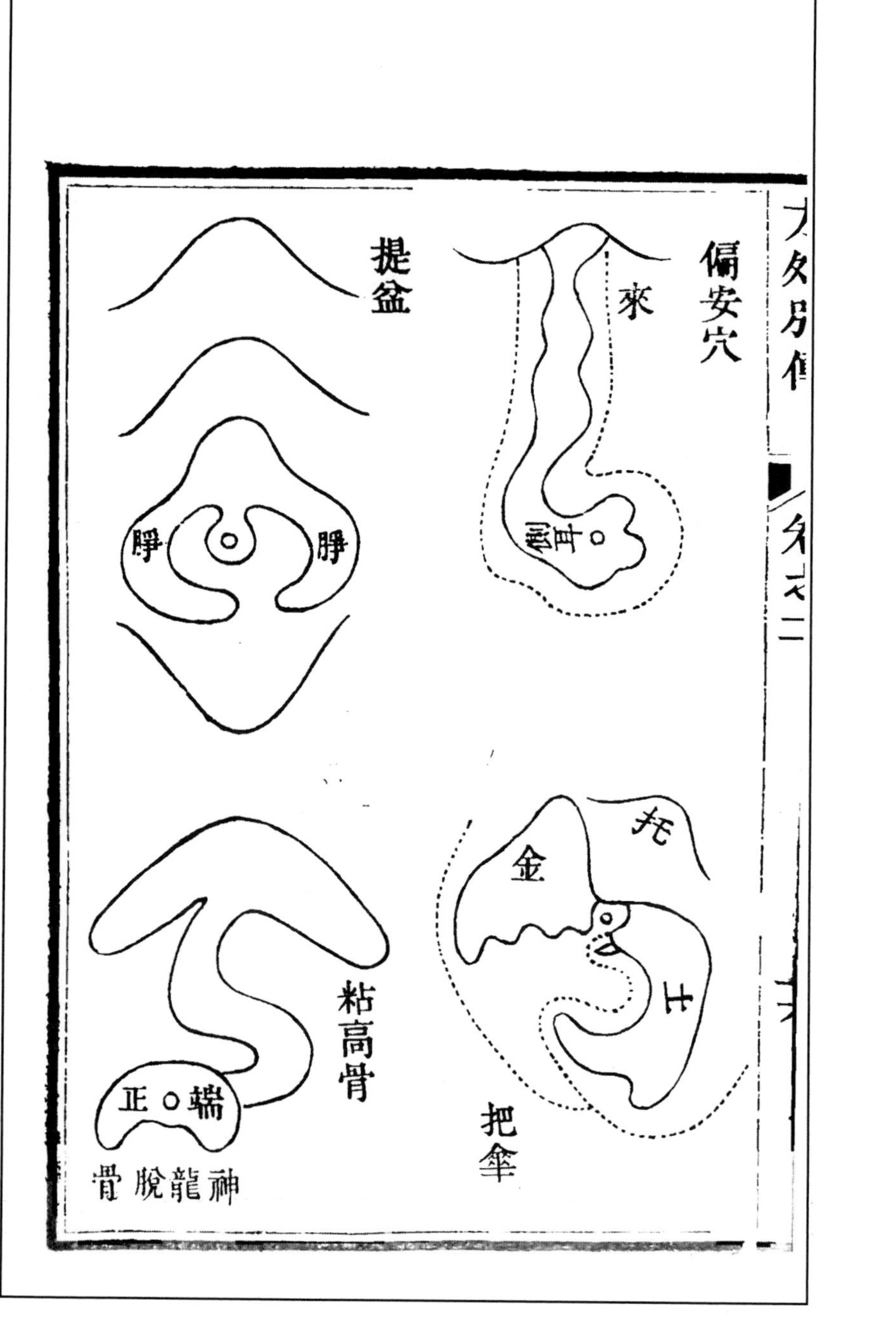
偏安穴
來
側耳
提盆
脬
脬
托
金
土
把傘
粘高骨
正
端
神龍脫骨

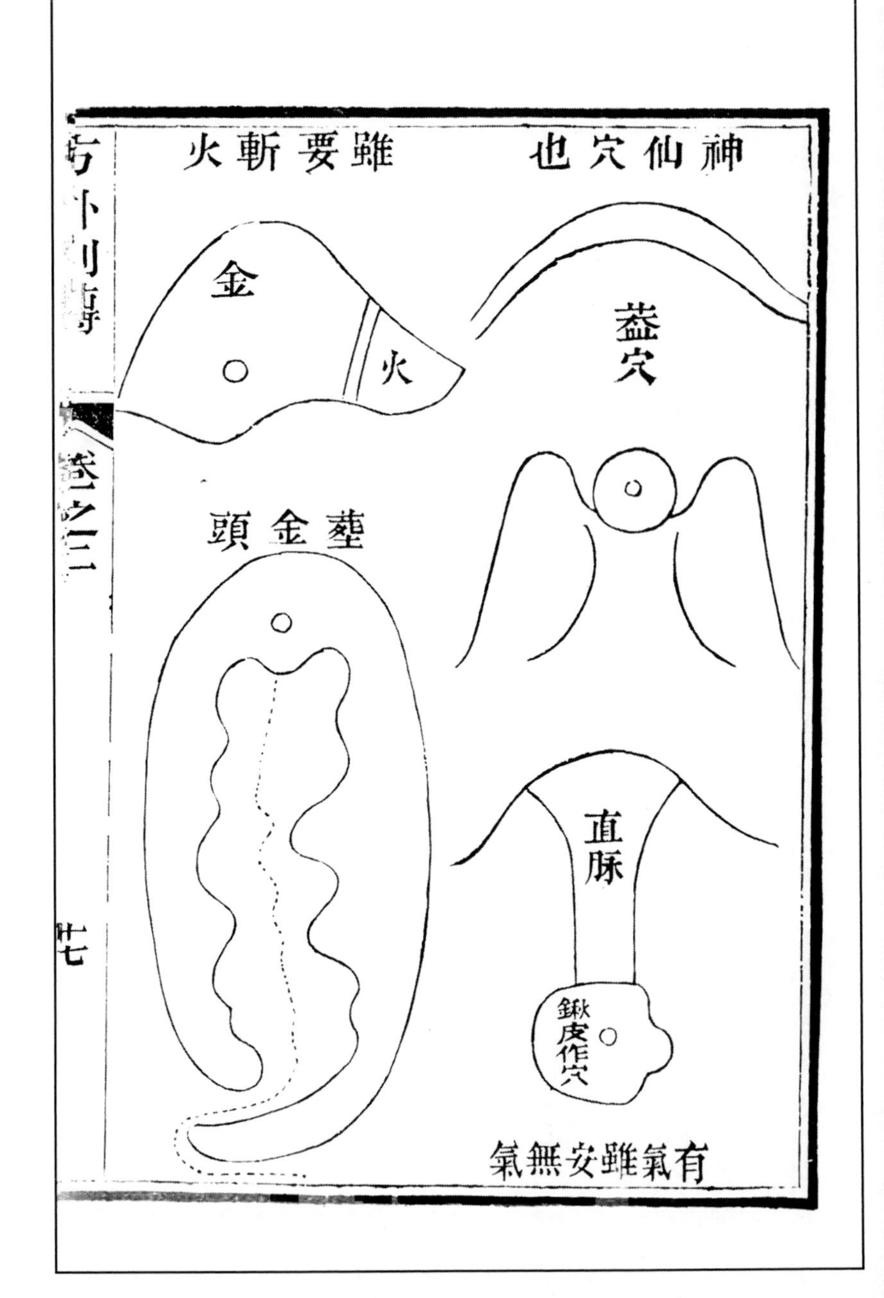
方外別傳
卷之三
七
雖要斬火
神仙穴也
金
火
葢穴
薹金頭
直脉
鍬皮作穴
有氣雖安無氣

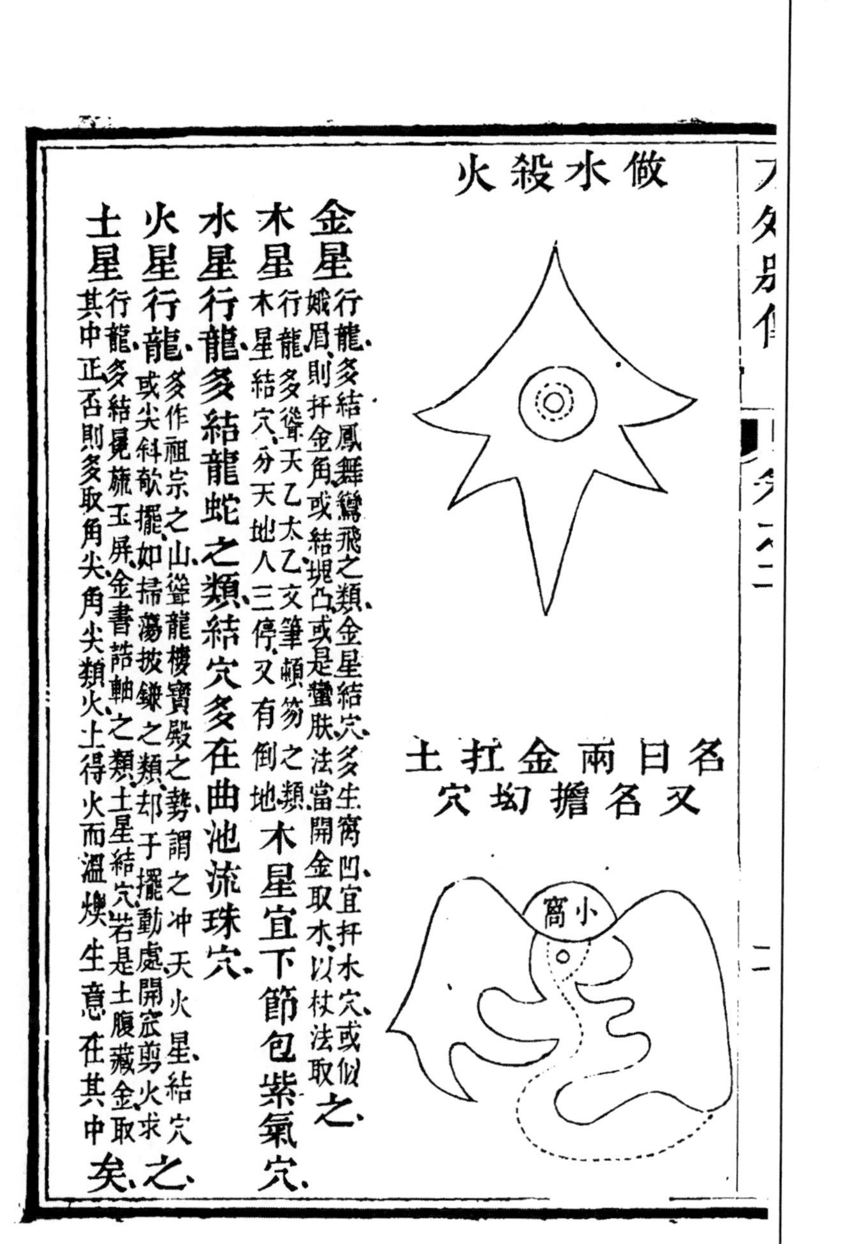

做水殺火

金星行龍、多結鳳舞鸞飛之類、金星結穴多生窩凹、宜扦水穴、或似娥眉、則扦金角、或結堄凸、或是螢肤、法當開金取木、以杖法取之、

木星行龍多聳天乙太乙文筆頓笏之類、木星結穴、分天地人三停、又有倒地木星宜下節包紫氣穴、

水星行龍多結龍蛇之類結穴多在曲池流珠穴、

火星行龍、多作祖宗之山、聳龍樓寶殿之勢、謂之冲天火星、結穴或尖斜欹擺、如掃蕩披鏟之類、却于擺動處開宼剪火求之、

土星行龍多結冕旒玉屛金書誥軸之類、土星結穴若是土腹藏金取其中正否則多取角尖角尖類火土得火而溫煖生意在其中矣、

名曰兩金扛土
又名擔坳穴

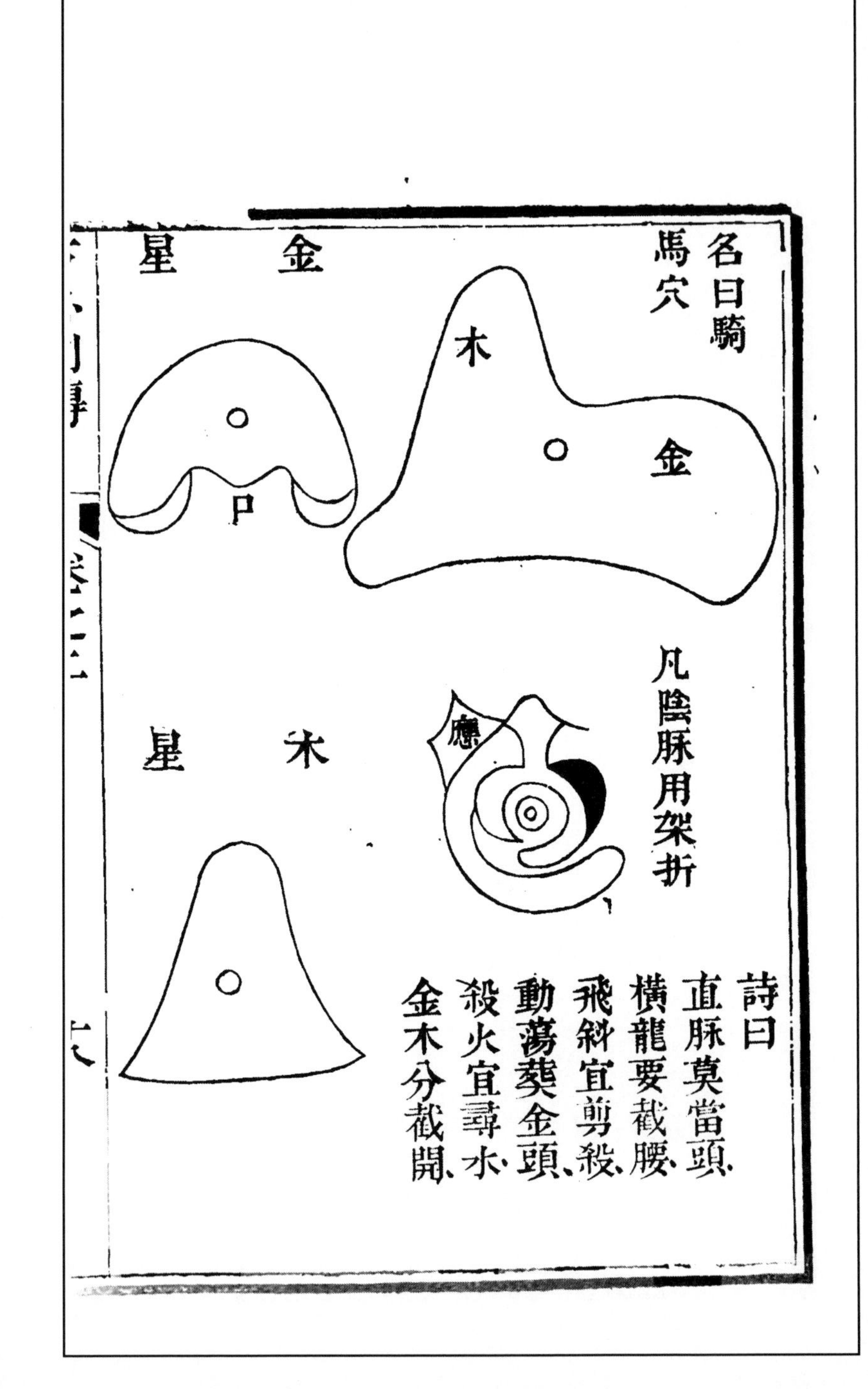
名曰騎
馬穴
木
金
金星
尸
木星
應
凡陰脉用架折
詩曰
直脉莫當頭、
橫龍要截腰、
飛斜宜剪殺、
動蕩褻金頭、
殺火宜尋水、
金木分截開、

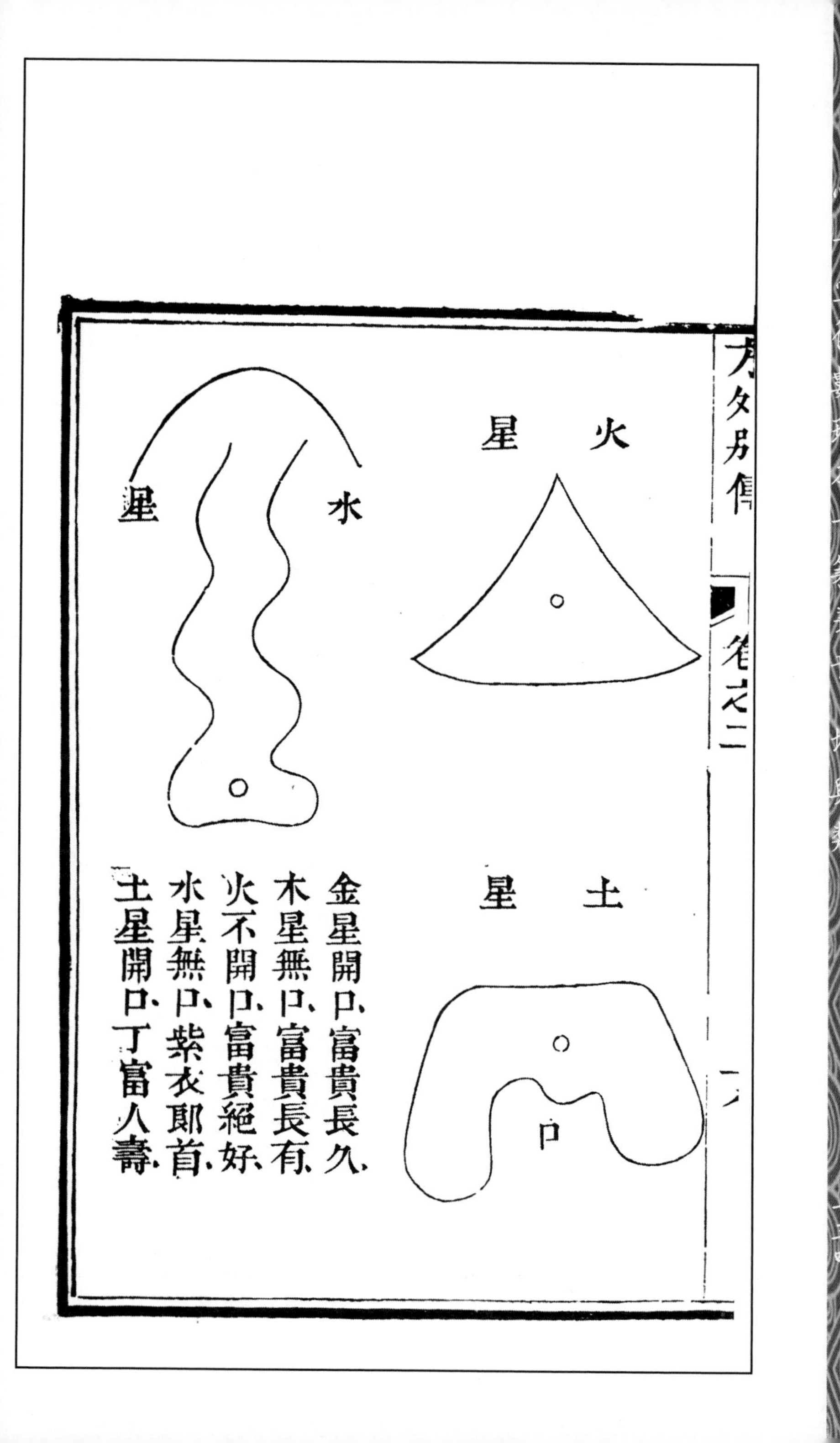

金星開戶、富貴長久、
木星無戶、富貴長有、
火不開戶、富貴絕好、
水星無戶、紫衣耶首、
土星開戶、丁富人壽、

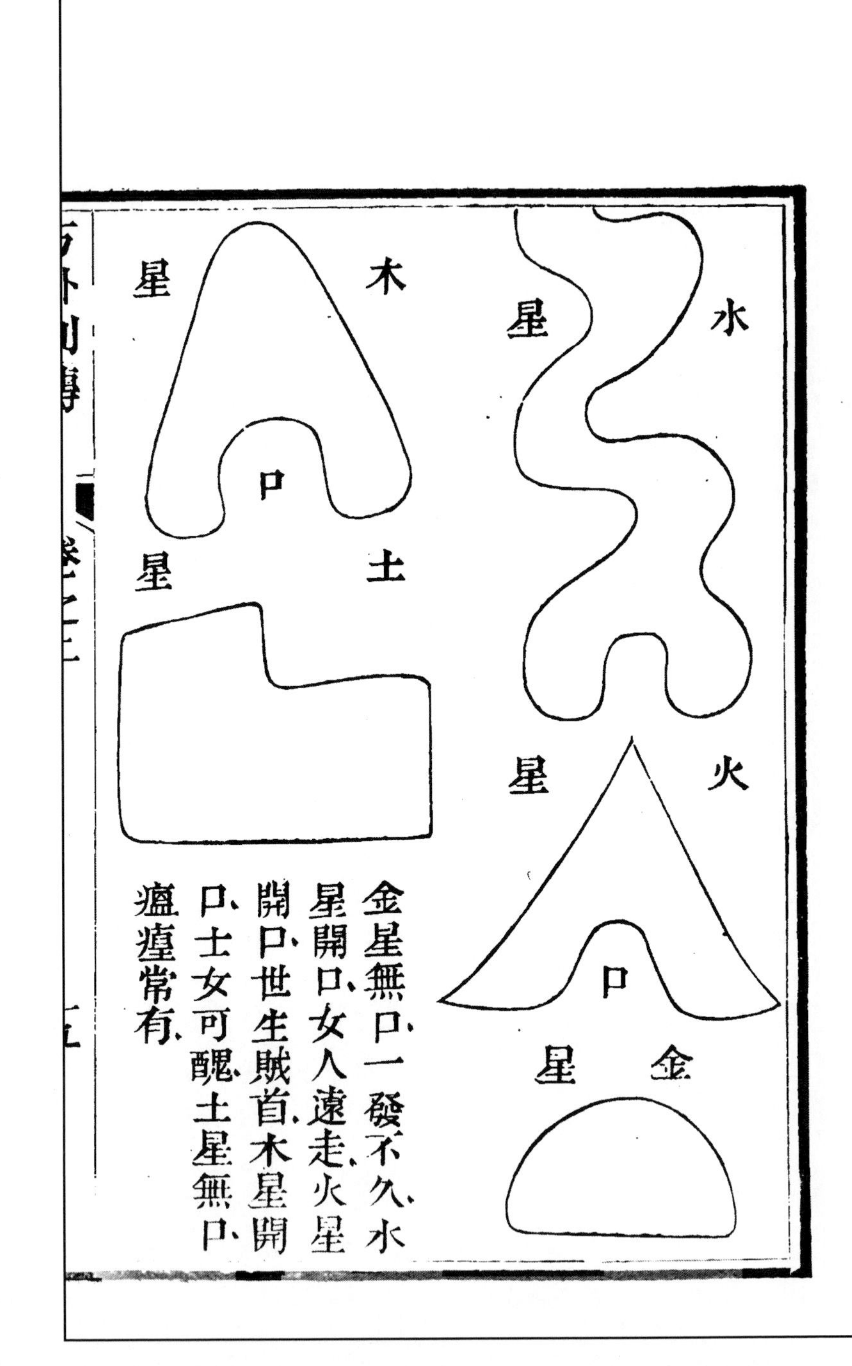

金星無戶一發不久、水星開口、女人遠走、火星開戶、世生賊首、木星開戶、士女可醜、土星無戶、瘟瘽常有、

凡星辰結穴處、有微坦隱然平夷如掌、方能受氣、是謂㙲口、坦約五尺平受、頗廣、亦不過方丈耳、口外裀褥、與左右合成一口、真穴、惟看出口爲定、點穴要對口中、穴前出口、與落頭開口不同、有來無合、有來生無合者、下面無窩、必有口

口者、禾鍬口、錢鑿口、鴉鉗口、出口、開口、又有分别須金打破㙲、如人之口、自有其中、所以定穴、要打開此㙲口裁之、則出口開口可悟矣、點穴要對口中、萬無一失、但口尖者屬陰、其氣浮、口圓者屬陽、其氣沉、

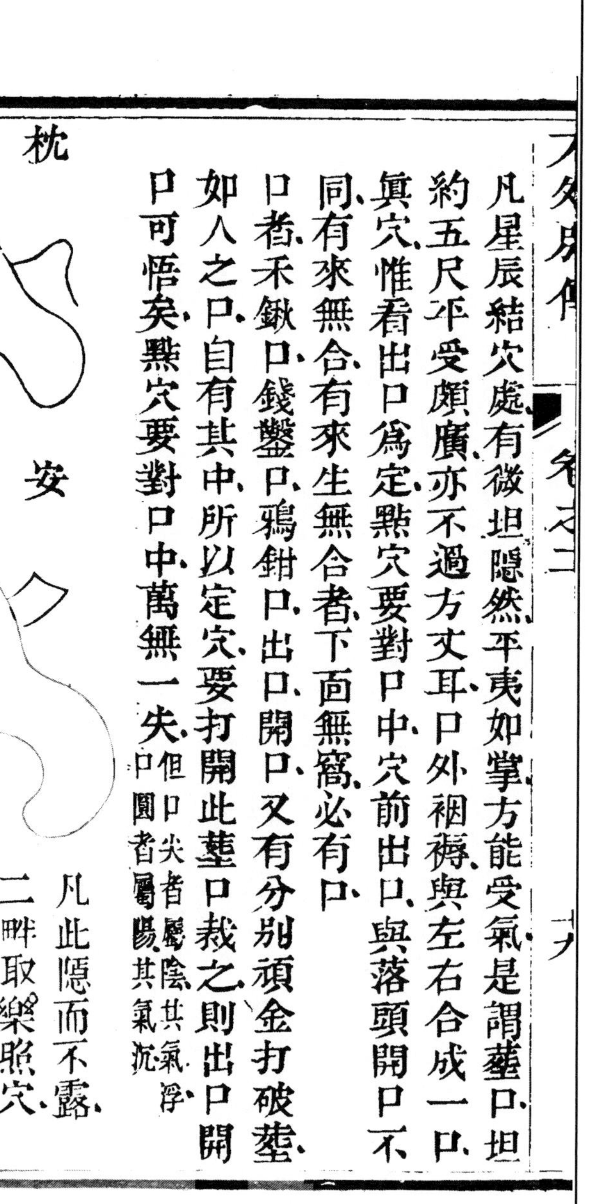

凡此隱而不露、二畔取樂照穴、不拘山峯肩翼、厚處亦是、

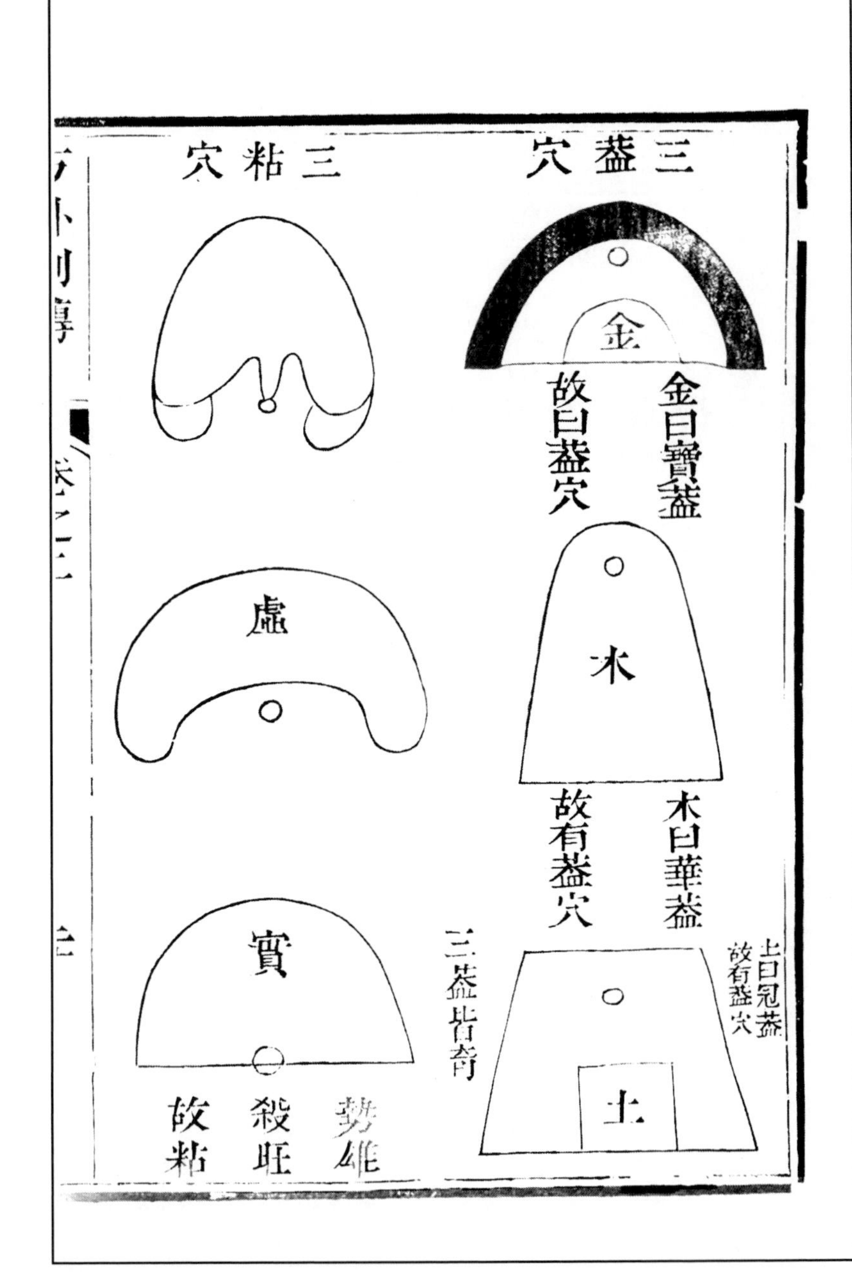
三葢穴
金
金曰寶葢
故曰葢穴
木
木曰華葢
故有葢穴
土
土曰冠葢
故有葢穴
三葢皆奇
三粘穴
虛
實
勢雄
殺旺
故粘

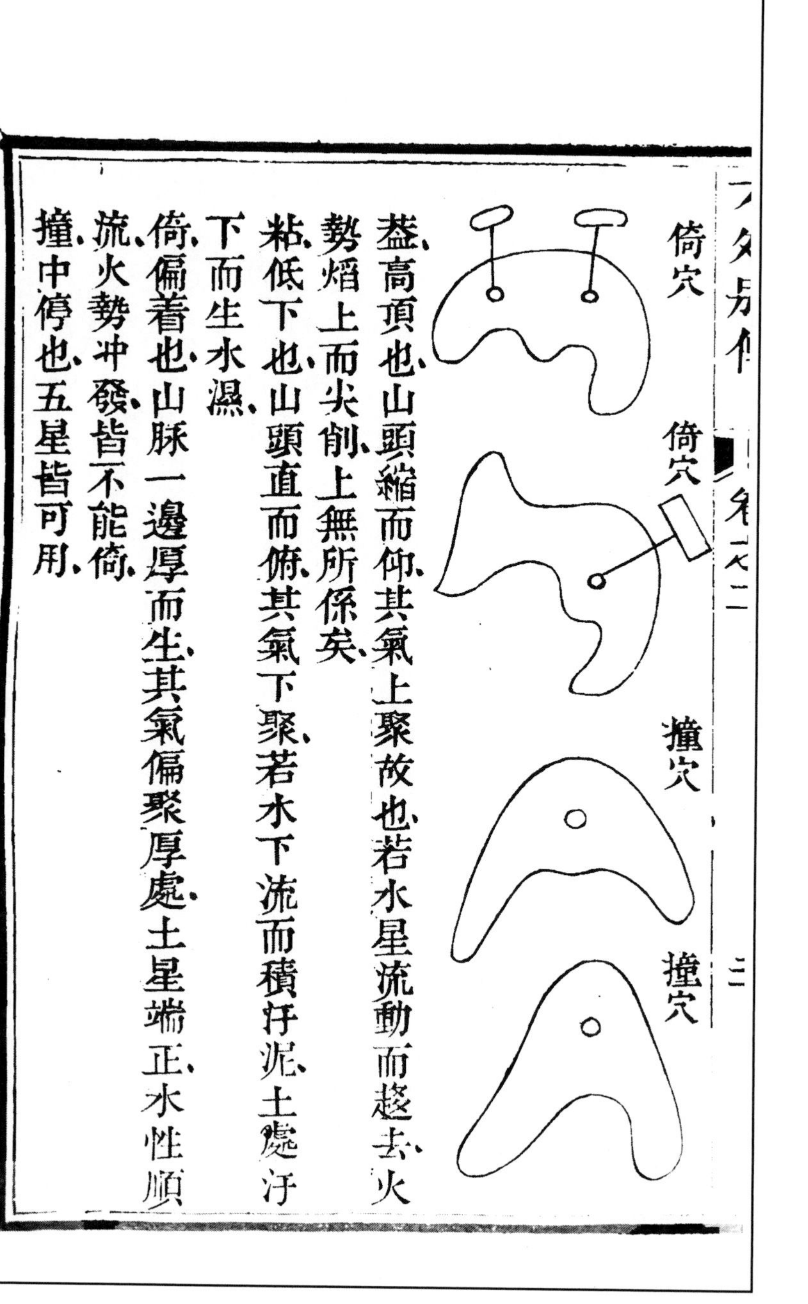

葢、高頂也、山頭縮而仰、其氣上聚故也、若水星流動而趍去、火勢熖上而尖削、上無所係矣、

粘、低下也、山頭直而俯、其氣下聚、若水下流而積汙泥、土處汙下而生水濕、

倚、偏着也、山脉一邊厚而生、其氣偏聚厚處、土星端正、水性順流、火勢冲發、皆不能倚、

撞、中停也、五星皆可用、

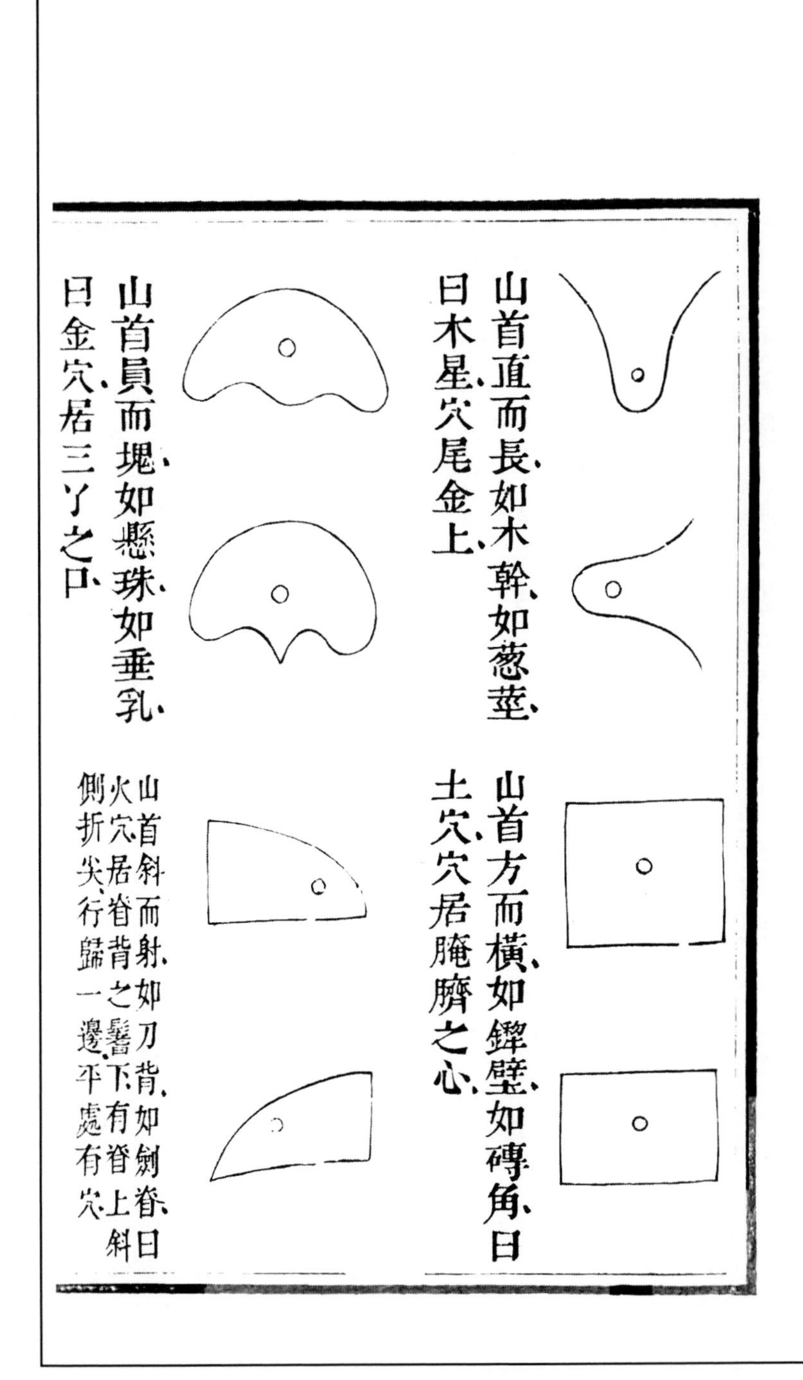
山首直而長、如木幹、如蔥莖、
曰木星、穴尾金上、

山首員而塊、如懸珠、如垂乳、
曰金穴居三丫之口、

山首方而橫、如鏵壁、如磚角、曰
土穴、穴居腌臍之心、

山首斜而射、如刀背、如劍脊、曰
火穴居脊背之鬐下有脊上斜
側折尖、行歸一邊、平處有穴、

山首曲而流、如鐮刀、如鷙頭、曰水穴居轉皮之旁、

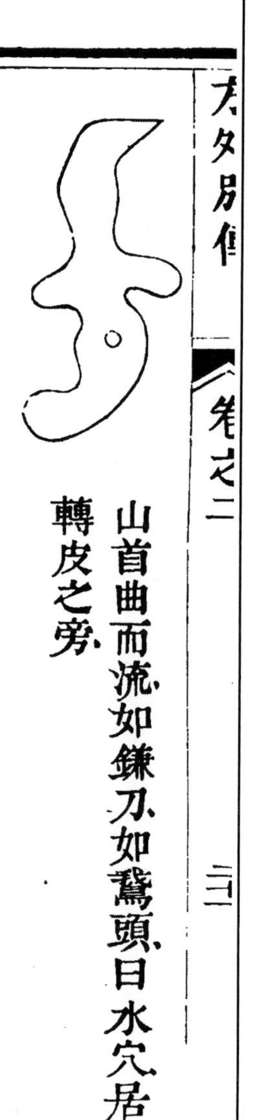

此五星、乃入穴星辰、如眠地然、非若五星落頭豎體之高大也、又宜辨之、

立澍經通神篇奧旨、

凡山川翕闢、其來者要辨祖宗之合戶者要察龍脉之凝、故右山右水、左山闢者爲陽、肓、左山左水、右山闢者爲陰、成、其龍陰而穴宜陽作、當朝陰而流陰、乃旋闔丙卯之類也、其龍陽而穴宜陰作、當朝陽而流陽、乃權瑤甲乙之類、穴以撞乘者、氣從腦入、穴以偏倚者、氣從耳分、高壠峻支者、倚粘取之、緩岡平坡者、撞葢針也、

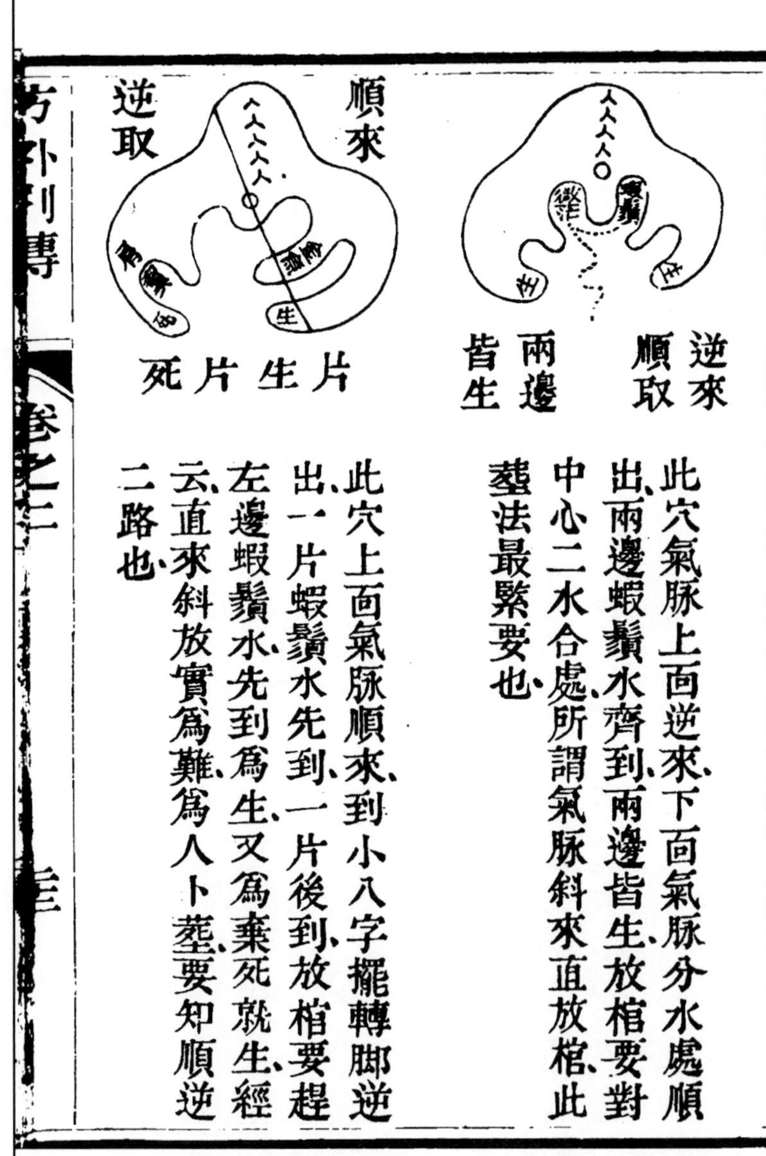

此穴氣脉上面逆來、下面氣脉分水處順出、兩邊蝦鬚水齊到、兩邊皆生、放棺要對中心二水合處、所謂氣脉斜來直放棺、此葬法最緊要也、

此穴上面氣脉順來、到小八字擺轉脚逆出、一片蝦鬚水先到、一片後到、放棺要趕左邊蝦鬚水、先到爲生、又爲棄死就生、經云、直來斜放實爲難、爲人卜塟要知順逆二路也、

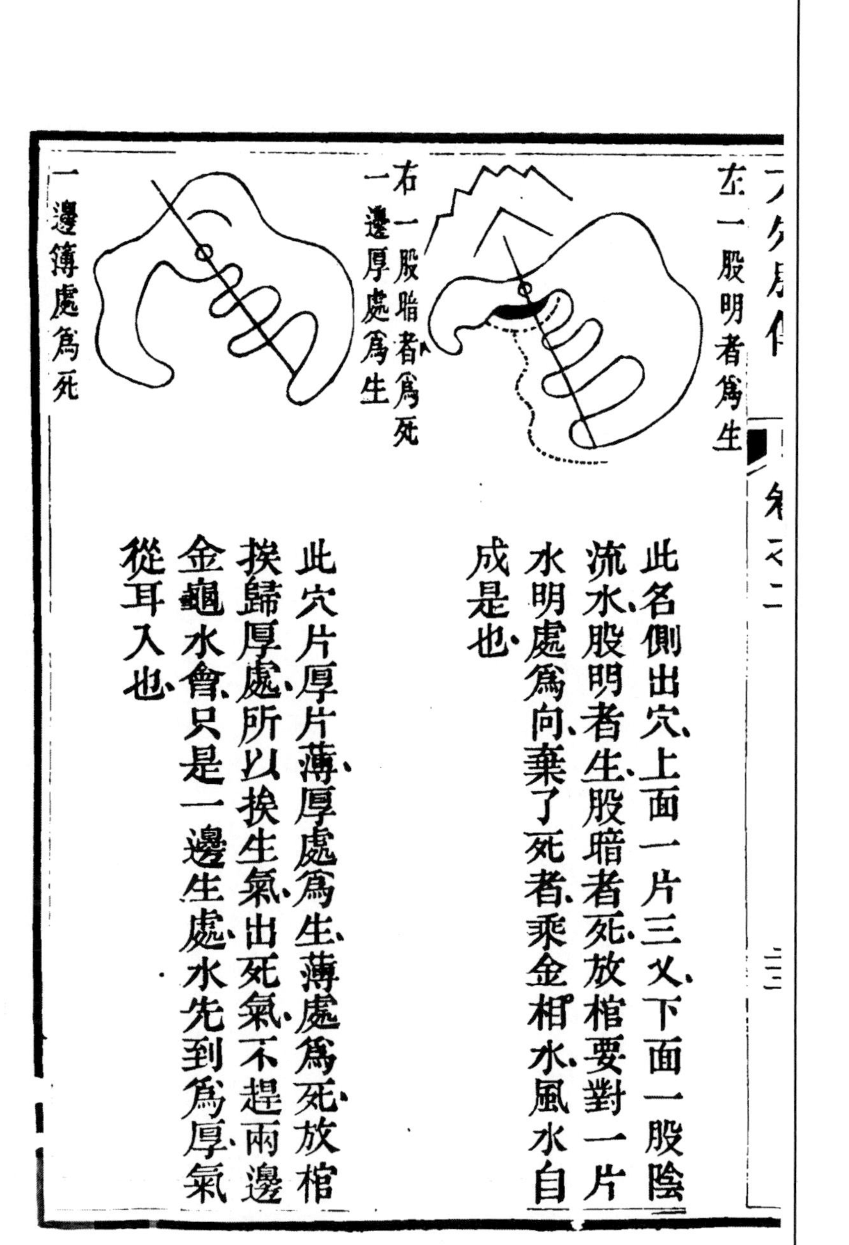

此名側出穴、上面一片三乂、下面一股陰流水、股明者生、股暗者死、放棺要對一片水明處爲向、棄了死者、乘金相水、風水自成是也、

此穴片厚片薄、厚處爲生、薄處爲死、放棺挨歸厚處、所以挨生氣、出死氣、不提兩邊金龜水會、只是一邊生處水先到爲厚氣從耳入也、

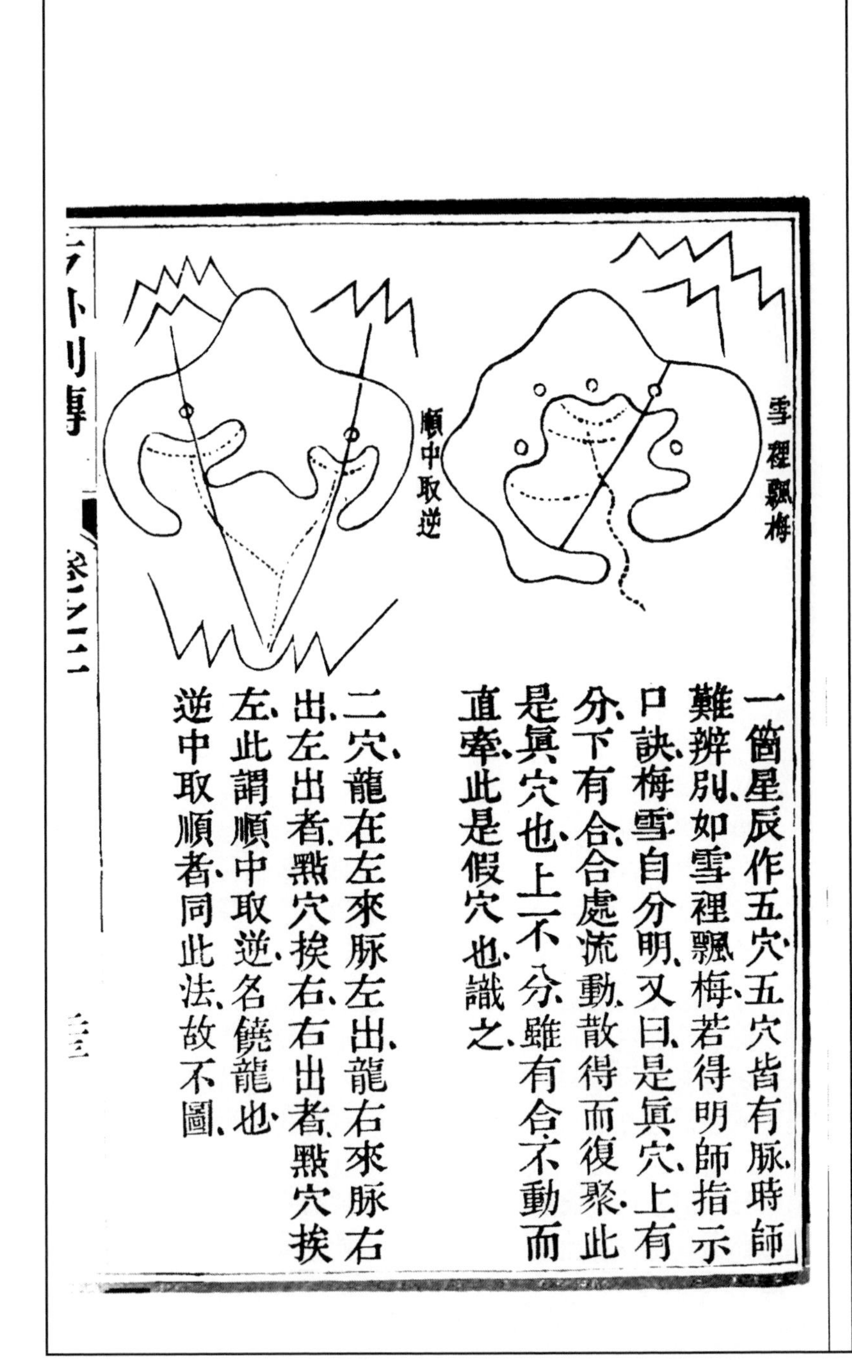

雪裡飄梅

順中取逆

一箇星辰作五穴五穴皆有脉時師難辨別、如雪裡飄梅若得明師指示口訣梅雪自分明、又曰、是眞穴上有分、下有合、合處流動、散得而復聚、此是眞穴也、上一不分、雖有合不動而直牽、此是假穴也、識之、

二穴、龍在左來脉左出、龍右來脉右出、左出者、黙穴挨右、右出者、黙穴挨左、此謂順中取逆、名饒龍也、

逆中取順者、同此法、故不圖、

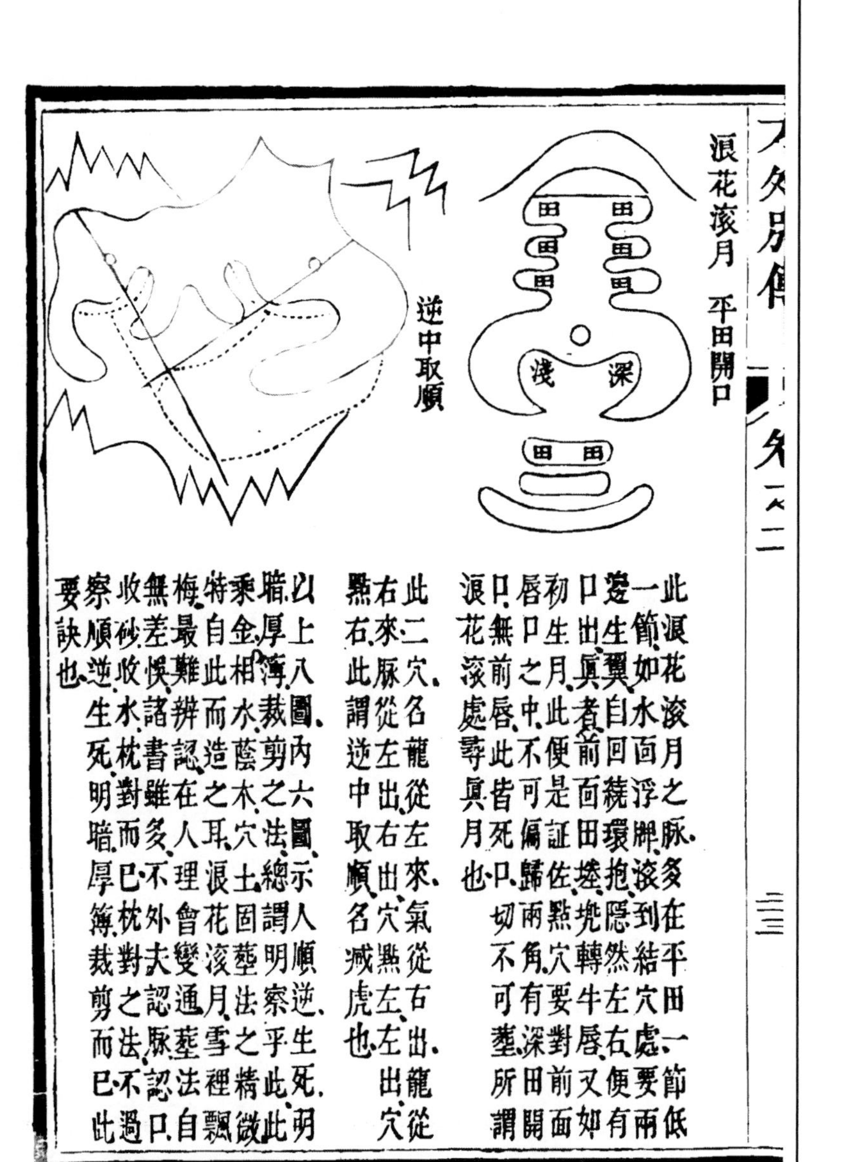

此浪花滚月之脉多在平田一節低一節如水面浮脚滚到結穴處要兩邊生翼自回繞環抱隱然左右便有口出眞者前面田埢垙轉牛唇又如初生月此便是証佐點穴要對前面唇口之中不可偏歸兩角有深田開口無前唇此皆死口切不可壅所謂浪花滚處尋眞月也

此二穴名龍從左來氣從右出龍從右來脉從左出右出穴點左左出穴點右此謂逆中取順名減虎也

以上八圖內六圖示人順逆生死明暗厚薄裁剪之法總謂明察乎此此乘金相水藍木穴土固莖法之精微特自此而造之耳浪花滚月雪裡飄梅最難辨認在人理會變通莖法自無差悞諸書雖多不外夫認脉認口收砂收水枕對而巳枕對之法不過察順逆生死明暗厚薄裁剪而巳此要訣也

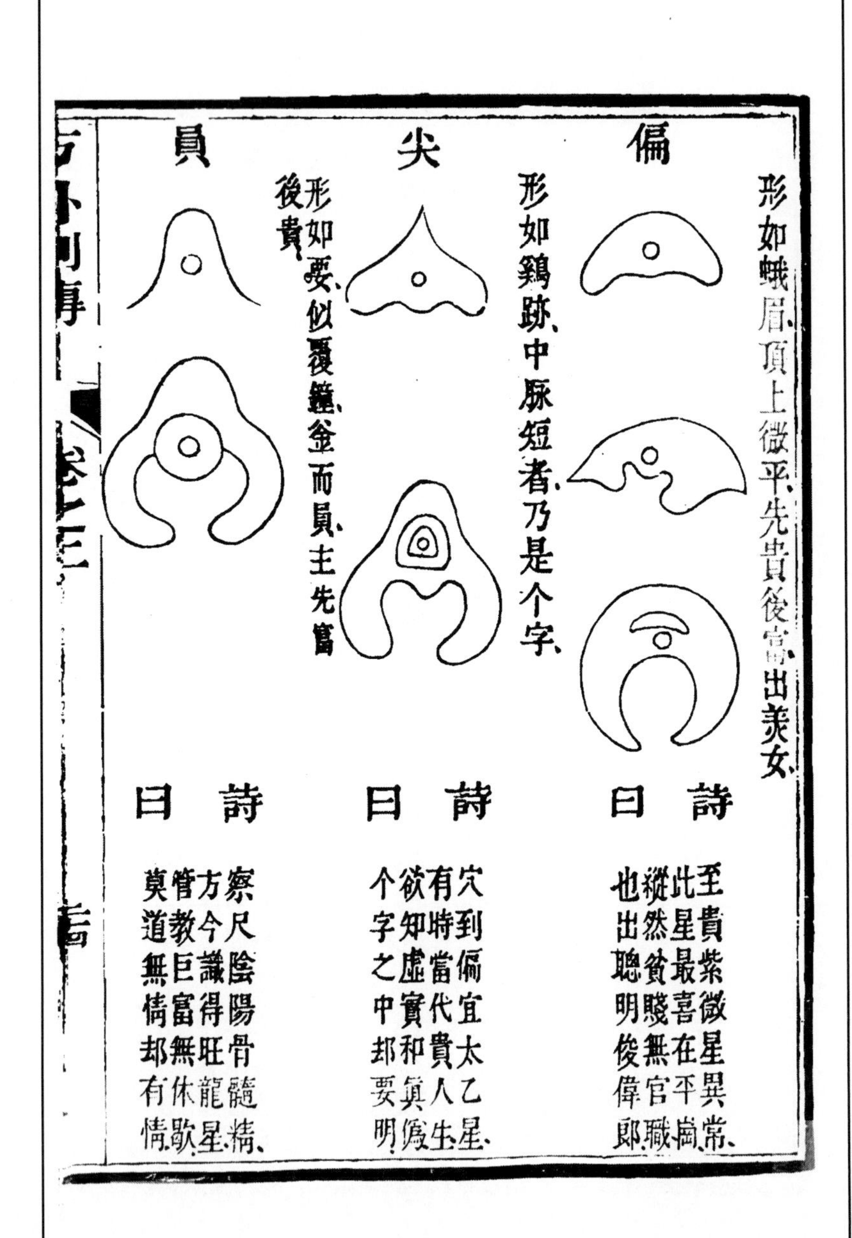

偏

形如蛾眉、頂上微平、先貴後富、出美女、

詩曰

至貴紫微星異常、此星最喜在平崗、縱然貧賤無官職、也出聰明俊偉郎、

尖

形如鷄跡、中脉短者、乃是个字、

詩曰

穴到偏宜太乙星、有時當代貴人生、欲知虛實和真僞、个字之中却要明、

員

形如要、似覆鐘釜而員、主先富後貴、

詩曰

察尺陰陽骨髓精、方今識得旺龍星、管教巨富無休歇、莫道無情却有情、

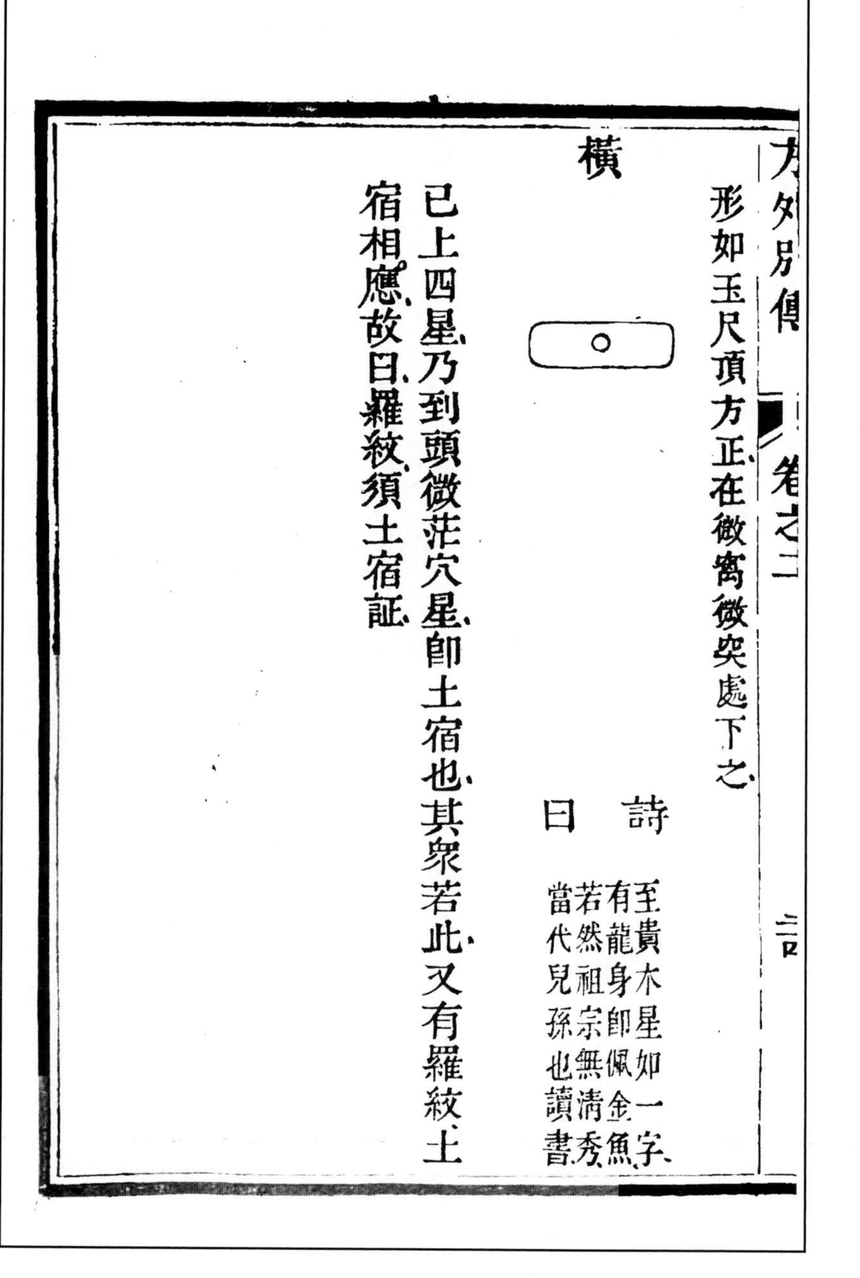

形如玉尺頂方正、在微窩微突處下之、

詩曰

至貴本星如一字、有龍身卽佩金魚、若然祖宗無淸秀、當代兒孫也讀書、

橫

已上四星、乃到頭微茫穴星、卽土宿也、其衆若此、又有羅紋、土宿相應、故曰、羅紋、須土宿証、

賴公四變論

夫龍之變、斷而復續、盡而復舉、或飛於天、或潛於淵、有不可測者矣。　砂之變、似有而無、似妍而醜、如逐客之戀君、如行兵之聽將、所謂道是無情却有情也、水之變、直流而長、順流而反、必悠悠洋洋、而有顧我者矣。

穴之變者、或怪石嵯峨、流泉漫躍、或在源頭、或居水口、或在山巔、或入水底、有不可拘之以法者矣、此無他、地之大故也。

夫勢之過於奇、過于盛者、必變、或形於外者、變于內、

或溢于內者變於外、所以虧於此而補于彼、勢必然也、

龍豚大病

透頂出豚謂之貫豚、出於巳、上小下大謂之墜豚、三橫四直謂之綳豚、上崩斷謂之截豚、大小不分謂之失序豚、帶頑石、謂之受殺豚、長而死謂之吐殺豚、無頂曰無文、

穴忌四不成

明堂缺、座下跌、前無水、後無豚、

穴論五氣

動處爲生氣、不動處、凝滯而粗頑爲死氣、有盛堀處、豐盛爲旺氣、尖利處、硬毒爲殺氣、有石處、不通鉏鋤爲絕氣、

穴論三勢

盡龍正穴、謂之順勢、轉承朝水、謂之逆勢、左右仙宮揖水謂之側勢、

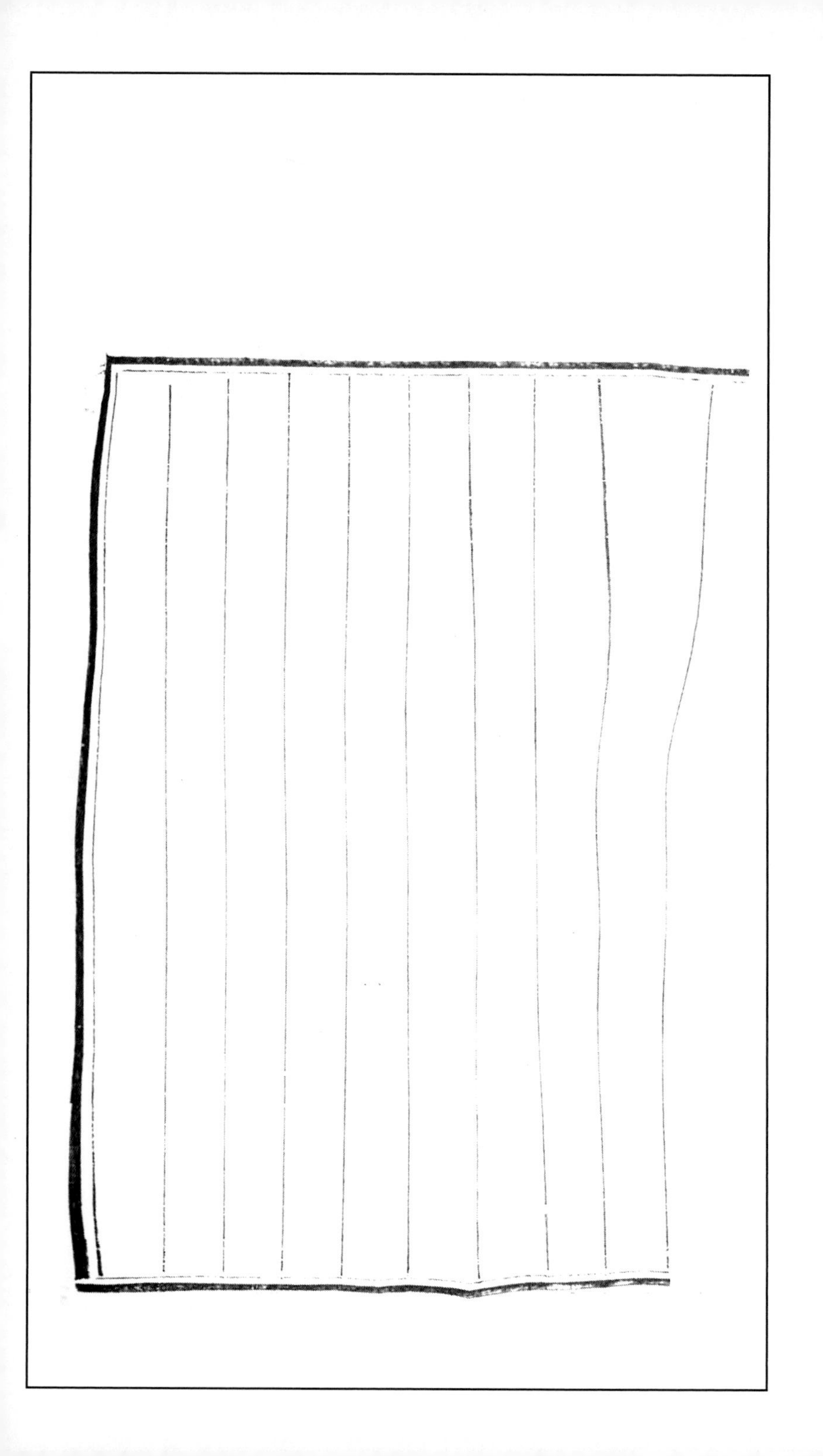

秘授璣衡覆墳心法

午龍斷法

太陽正出局更奇、壬癸水砂輔地畿、龍勢懶緩穴蕩露、泉生滿槨家陵夷、兼丙火炎多顛沛、並丁季子禍難支、最嫌亥曜相冲射、刑徒軍配若流離、

午龍水斷

安富尊榮最喜坤申壬癸、凶亡敗絕極嫌丑艮庚酉、巽巳禍歸伯兄遇寅甲又受其禍、乙辰發自季子、逢天丑廚丑、郤罹其殃、戌以奸狡而驟興、辛因

贅繼而愈茂、亥卯水蟻、家門有淫敗之聲、乾子透迤、戶口進田庄之益

未行龍斷　并丁龍

南極端崇貴且壽、未如少涉業仍就、並離雜氣家陵替、巽兌互行福匪謬、未若單行諸吉集、當爲攸遂信經呪、帶坤僧道并孤寡、陽局家房苗不秀、

丁未龍水斷

逢庚酉而均福、挺生剛毅之人、遇坤申而外亡、更出淫橫之醜、艮辛仲季富足、亥卯長子貴榮、戌

乾白蟻、而寅甲佮佇、天罡（辰）橫滅、而陰玄（坤）賭博、

壬兮離鄉水厄、丑也崇佛貪淫、子癸孤寡私

奔未龍逢之禍尤甚、巳丙爐冶平福、丁龍見之貴

可期、巽水特朝、男立廟廊女配貴、龍脉殊應未

得豐亨丁更奇、

坤申龍斷

玄（坤）戈雄偉、（穴周密砂）水合宜富貴期、未氣混凝、（成臭水僧）尼

淫疾、併孤兒、一傳送（申）獨行、（亦暫福帶）庚暴橫、人丁稀、坤

申並行、（局勢矣福）祉人丁、可庶幾、

坤申龍水斷

午應驟發同丙，不免回祿之殃，酉多淫亂，雖庚亦有
南子之行，來自乾戌，田庄立進，併因龍以興家，去從
亥乾，癆瘵天亡，且傷妻而多訟，寅甲遠朝，砂又秀，富
貴軒昂，子壬雙至，局更奇，榮華孟仲，問少男之禍福，
丑退絕而辰暫亨，占長位之榮枯，庚刑訟，而巳永祿，
艮辛殊應，季孤仲絕，俱疾淫巽，巳同行，內亂貧窮，兼
水厄，癸有翁人，獲福丙，主仲子多愆，洋洋水自廉貞，
疊疊禍逢軍配，

庚兌龍斷

庚兌透迤局勢全，艮卯朝流祿馬兼，富壓鄉都

矜衆庶、職兼生殺震疆邊、混申泉蟻人孤寡、

兼辛科名少子賢、庚見巽朝爲秀美、兑龍相遇

福綿綿、

辛龍斷

天乙單行精俊奇、文章高第壽維祺、兼兑行度

龍禎福、得巽應穴邁等夷、兄弟連名登鴈塔、

戚姻濟美步丹墀、最嫌戌位相混雜、樂極還應

有大非、

庚兑辛三龍水斷

巽來祿享千鍾、卯至兵權萬里、戌少凶而乾長絕、痼

疾鰥寡攸同。巳禍仲而乙滅兄。顛沛流離殊甚。乃若高爵厚祿。多因艮水呈祥。其或遐福永年。蓋爲丙丁萃秀。辰戌雙至。間生自刎之人。寅甲遠朝。偶出強梁之輩。壬癸飢寒腫病。丑未孤獨師巫。離壬盜且淫。如衝射。有離鄉之困。若亥流富而貴。若清徹。出濟世之英才。

戊乾龍斷

戊乾類。應穴從吉。驟發須知退亦然。失侶乖方或緩露。顛連夭絕不堪言。乾若帶亥禍及長。戊如兼辛少子殲。陰陽造化非偏着。輔相裁成有

斡旋、

戌乾龍水斷

寅甲長房先福、坎宮浩浩亦然、未丁季子最殃、丑艮洋洋不異、榮華富貴、喜逢坤申透迤、橫天貧窮、因見巳水來去、陰樞犯公訟、午則有軍配刑獄之凶、陽衡主凋零、亥則多癆瘵瘟縊之厄、辛流絕季、而移花接木酉庚白蟻、而縱慾亂倫、若見辰乙悠洋、定知季孟潤澤、

亥龍斷

紫微正出形局奇、富貴榮華世所稀、乾若同行穴挨

右兼壬雙至左宜歸、或艮或兌入亥位、黃金白璧生光輝、巽花開時人多福、巍巍一品佐京畿、

亥龍水法斷

丁辛衍秀、應知小位先榮、巳丙流淸、可卜諸兒均福、巽水來巽峰聳、科名冠五百之英雄、艮洋至艮砂奇、職司佐九重之誥命、震庚交合、而富敵國、兌丁流艮、而貴擎天、丑未福蔭少男、坤申禍臨長位、水從寅甲、定知痼疾瘋殘、朝自乙辰、立見少男顛沛、壬午別離鄉邑、三吉會而貴顯可期、坎癸墮損胎形、五凶兼而傾亡尤甚、

壬子癸龍斷

三脉原來共一宮、乾離砂水各相同、頓聳坎生六指者、丑湇癸産、九流入、單壬奇雅局全福、坎輔兼行穴左眞、最嫌懶緩併滕、忽泥水火災疾病頻、

壬子癸龍水法斷

坤申寅甲朝堂、論富先誇於孟氏、丑未丁辛破局斷禍應歸于少男、艮丙仲子佮仃、乾乙長房昌大震庚來、而下流之輩出、巽巳至而淫賤之風生、辰流益少子之豊亨、剝換莫逢坎位、午水應中男之利、逢變忘入乾宮、離水入西、桑間私約、戌流投亢、縲絏非刑、

丑艮龍斷

天市正脉秀美備，丑寅相件細推之，丑兼損少寅虧

長，亥入匡君卯撫夷，脉換四龍逢祿馬，局全八景産

英者，丑如獨至猶平福，帶癸穴泉多禍非。

丑艮龍水法斷

丙丁水朝，仲季獲安全之福，亢婁狐入，小子有橫逆

之刑，震巽朝堂，祿者夭而壽者餒，坎水到局，人犯水

而穴犯泉，乾乙白蟻，而長位無傳，壬午淫離，而中子

不肖，亥巳諸兒廸吉，功曹寅合室遭刑，酉庚産文武之

全才，坤申當孤寡之窮苦，辛水悠洋，辛峰聳，歐蘇甲

第未宮來去未砂斜釋老科儀

寅甲龍斷

此龍顯異可裁量陰來三合期爲昌左行俊美亦禎吉局形不奇産荒凉甲卯同行禍及長艮寅雙至仲兒殃午會戌流均富貴戌來投巽火災傷

寅甲龍水法斷

乾壬入坤申至長宮之發居先坎癸來辰午朝少子之榮爲最戌亥潆流無制泄痨殀勿疑巽巳滂溢有員峰私胎不謬丑未師巫孤寡酉庚産難蟻侵如遇丙太微偏與仲兒生禍患若逢丁辛定諸小位出孤貧

卯龍斷法

樞璇迢迢入震宮、砂奇水秀產英雄、巽辛筆笏文章顯庚兌戈矛武可憑、發自橫財言匪謬、水行傳送禍難禁、乙兼贅繼併奕博、侵甲瘋盲殘痼臻、

卯龍水法斷

太乙巽文章華國、天市艮爵祿矜人、乾戌流離、坤申徒配、紫微亥至、而人財兩熾、逢三合、辛不免雷驚、赦文丙丁到、而福壽雙全、遇羣凶、亦能化吉、陰璇衍秀名揚四海、顯雙龍、庚酉流長、勇冠三軍威萬里、未頗田蠶豐稔、午則男女多淫、巳水吉祥、透巽、更生貴顯、坎宮災害若丑、

猶得平安、

乙辰龍斷

乙來俊美享龟年、局勢清奇福自堅、混坎螟蛉併賭博縊死水厄禍纏綿、乙辰並至神棲吉、丙午豚傳瘟火炎、辰獨合宜亦禎福、長軀環眼氣驕天、卯乙巽辰淆雜者、水蟻羣凶不可言、

乙辰龍水法斷

坤乙乾壬、慶澤先滋長子、坎癸寅甲、福祉均濟諸兒、天皇本是福源、朝乙辰、反致刑徒陵替、酉庚亦非惡泒遇辰乙、乃爲悖逆穿窬、卯和辛、家右贅繼、丑和未、

壽鮮期頤、艮丙汪洋堪憐、仲子無遺裔、丁辛汜濫應

恤小男有異殃、年至亥榮戌未暫福、

巳丙龍斷

巳兼巽丙最爲良、單巳叶宜福亦昌、三合局成丁衆

旺、酉坤冲射禍蕭墻、丙龍艮乙富而貴、離而並行回

祿殃、巒星尖聳穴從水、趨避陰陽造化長、

巳丙龍水法斷

太乙清奇魁甲第、姻親榮顯耀家聲、巳兼猶得薄財

足、帶亢難逃、季子傾、辛水辛砂稱首美、少年翰苑冠

羣英、入龍委曲、更全美、一見兌流橫禍生、

巽龍斷　缺

巽龍水法斷

少年科第、蓋因三水會三陽、名世耆英、每自亥流全八貴、欲知孟氏之顯達無告、坤申寅甲爲殃、能識季男之左邪不端、辰戌丑未播害、壬癸巳有瘟淫之禍、長位難逃、子午有軍賊之非、仲房不免、赤蛇無殊福、乙乾有異災、酉曜遙冲、軍徒並至、

記遂安　艮山丙向　賴太素

嚴陵江頭遂安口、數點青山天門小、阿卯香夜啼玉女兌

鷲、紫氣茈茈射艮牛斗、富貴榮華君知否、金印歸來懸

後肘、千載埋沒無知音、臨風三嘆空回首、

記會稽　巽山辛向

稽山迢遰列青鬟、南華兌老人乘飛鸞、神龍負文雪波

立、白鶴起舞青雲開、天巽巳旋躍月星斗燦、東風騏驥臨

天闕、蓬萊異境遠在眼、別有天地非塵寰、金烏曉辛兌向啼

海門潤、玻璃百里青潺潺、鍾奇孕秀產英特、玉堂酉風

月貂蟬冠、廣寒香高羅袂薄、金韉玉勒登長安、烟凝

霧濕幾千載、幽花野草徒丹青、丹青好手寫不就、歸來歸來山中山、

記括蒼　兌山丁向

括蒼一峰天外小、姮娥一出世間妙、不搽脂粉自風流、任是風流見也笑、水行平地如蛇走、千山（山水如午丁向）掣電燦星斗、金章紫綬不足奇、駟馬歸來玉堂宿、金水金水山土山、自古相傳穴法難、能收吉氣蔭枯骨、一官過後又一官、

記天台　亥山丁向

天台十二青峽峴、蒼蒼高倚青雲端、紫微天香接牛（艮）

斗天門回首騎青鸞南極老人　笑錦衣將軍歸

玉關龍吟虎嘯萬壑寂白石滴泉深潺潺高車駟馬

記他日買臣衣錦當重還

記鵶山　亥山丙向

鵶山一峰天外起紫翠蒼蒼白雲裡南垣北極孕精

華紫綬金章端可擬千年埋沒罕知音衰草寒烟少

人管浩歌半醉賦歸來飽看青囊高着眼

記華玉山　卯山辛向

華玉山高凌碧霄清光紫氣騰金橋太陰催妖立武

怒俯首撥雲回斗杓阿香推車斜谷口銀河倒捲飛

騮走、觸動懸崖十二峰、兌玉鳳驚啼玉龍吼、神緘鬼秘天機立、青囊至理誰能縛、武夷在望流水遶、蛾眉牛吐金鰲顛、繡衣玉斧鎮沙漠、藍田白玉懷神仙、看花走馬上林疾、少年夫婦悲嬋娟、床頭回首黃金盡、壯士一笑長自伶。

記武夷　巽山辛向

辛玉女洞中何朗朗、萬丈清泉雷聲嚮、巽太乙宮中貫紫辛微、握手天門乾亥砂扶金榜、千年白日自牛眠、一片斜陽空草莽、徘徊酒醒發長歌、知音舉世應無多、神緘鬼秘人不識、除是神仙可奈何。

乾老男、　坎中男、　艮少男、　震長男、

坤老女、　離中女、　兌少女、　巽長女、

板存京都西单牌樓興隆街立誠堂

方外別傳卷之三

煦齋晴峯纂修

地理源派　傳德臨李玉書戴世懷校

楊公筠松　傳曾文辿　劉江東　胡矮仙

李子華

曾文辿　傳廖禹

劉江東　傳文謨姓譚

譚文謨十八世孫譚寬傳劉基

譚寬示劉基云此傳家眞寶一粒粟也先有總索爲撼龍經等名我祖文謨方期秘傳與子孫我豈敢泄

於外、而自取愆于先人歟、奈我今年艾子幼、而恐失其傳、故傳諸表姪壻劉基、我祖陰靈、諒不我責、基汝其寶之爲幸、寬示

傳家眞寶序

地理之傳、其來尚矣、自唐末、得受國師楊筠松先生之秘術者、乃江西贛之曾文辿劉江東胡矮仙、李子華是也、當時四人于馬祖岩焚香發誓、畫地爲圖、以此口傳心受而卽火焚之矣、豈以片文隻字留于後哉、非義之人、亦不輕與之、下地李公子華、因下顧家祖地、被師煞其脚、故曰曲脚仙、與胡公矮仙、皆得其

傳焉、吁、苟非曾公文辿、傳與廖禹、而及其子孫、江東
劉公傳埍、我祖文謨、而及後人、則楊公心法、亦幾乎
息矣、又何有今日之幸哉、奈自宋以來、時師用羅經
剪穴、專論山向、消砂納水、盜楊公之名、惑世不一、又
有盜贛術之名、葢業諸卦、以羅經論山向消納之科、
何曾有一知此理乎、予地名衣錦鄉人也、自髫年從
父師引詣雲葢菴、誓受此書、得楊公師徒秘傳四大
穴法、幸藉祖庇、叨獲渥恩、每覩斯書、撫卷而嘆、曰、今
之用羅經惑世、何其愚之甚歟、葢以此書、則古之不
用羅經信矣、由是改爲眞寶傳家之名、以期子孫寶

之於家、而不泄於外人云爾、是書、楊公名撼龍經、曾公名懷玉經、劉公改名三寶經、胡矮仙改名不教子孫經、廖禹改名碧玉圖、故併及之、

龍鳳元年、八月十五日、譚敦素謹識、

按陸北川司馬序云、昔者曾劉胡李四人、學于楊公盡得楊之蘊、楊以總索一篇、口受焉、有文無書、四人懼失而書之、其文始傳、劉江東之壻譚文謨、又作為詩解、兩家子孫、以地術顯者、不可勝計、我朝誠意伯劉公、又註為一粒粟、專尚倒杖、不用卦例、簡而明、切而中、實俯察之要也、劉師楊公之緒、迄今不絕、如

褸、其得傳者、輙相秘匿、世不得覩、其不得者、如宮墻外望焉、烏能升楊之堂乎、業斯術者、宗楊之法、而不惑于假托之妄也、其究心焉、

天寶經曰、个字毬簷水貼身蔭腮二會淺和深、坐向須明三合水、
會得此法值千金、

口授真圖

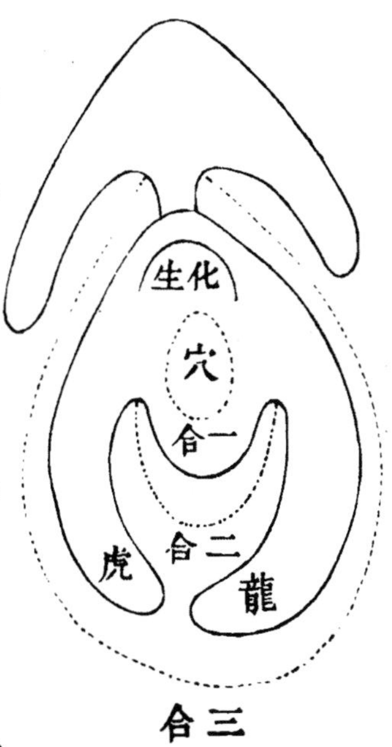

化生腦、毬也、第一分水是也、與腦相照映、簷也、第一合水是也、第一分合之內爲太極、太極者穴也、是也、蔭腮者、龍虎內之兩腋也、第二合水是也、打池依此而淺深焉、繞龍繞虎會于明堂者、第三合水是也、坐向視其所彎而取則焉、誠能以此會之三乂深淺之義、法備矣、而詩意明焉、

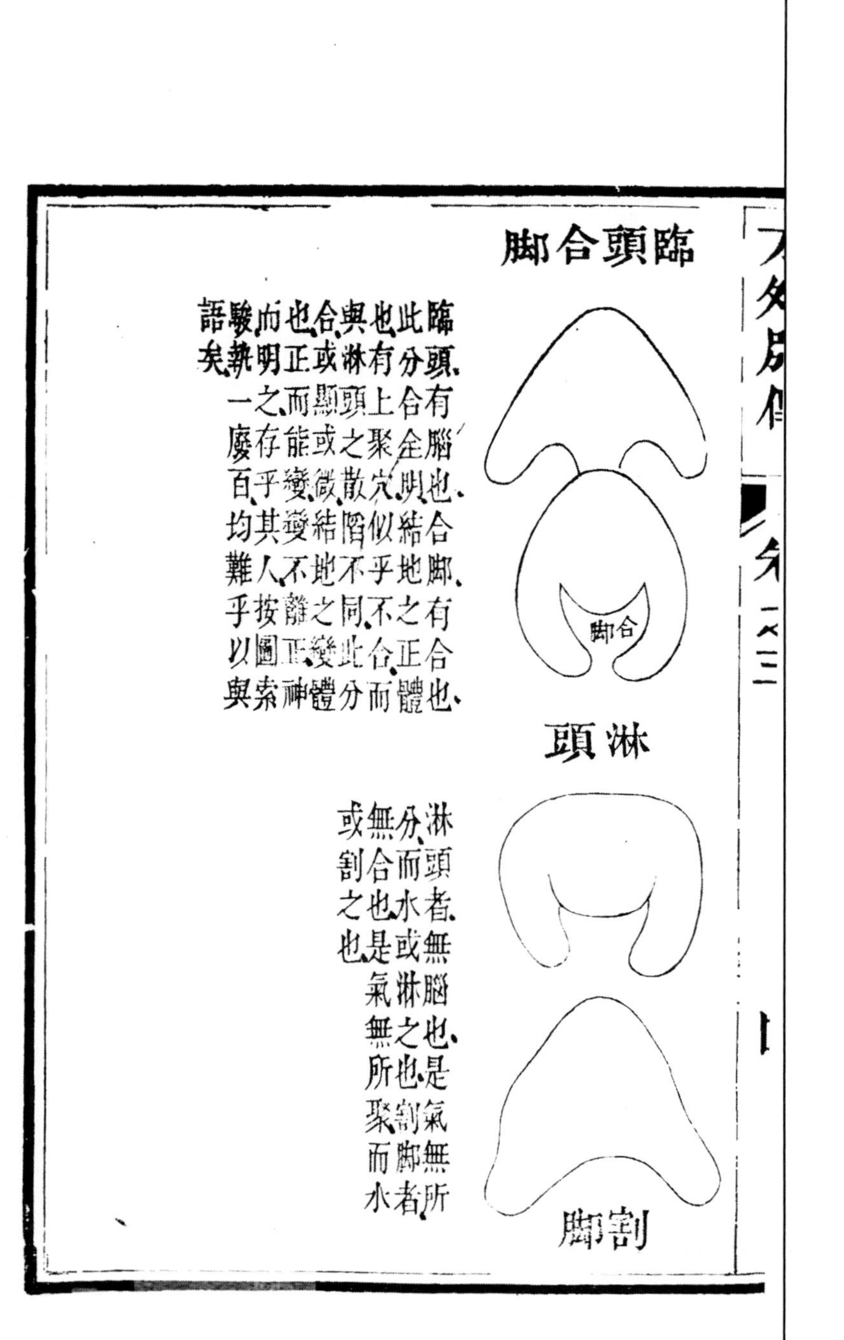

臨頭合脚

臨頭有腦也、合脚有合也、此分合全明結地之正體也、有上聚穴似乎不合而與淋頭之散陷不同、此分合或顯或微結地之變體也、正而能變、變不離正、神而明之、存乎其人、按圖索驗、執一廢百、均難乎以與語矣、

淋頭

淋頭者、無腦也、是氣無所分而水或淋之也、割脚者、無合也、是氣無所聚而水或割之也、

割脚

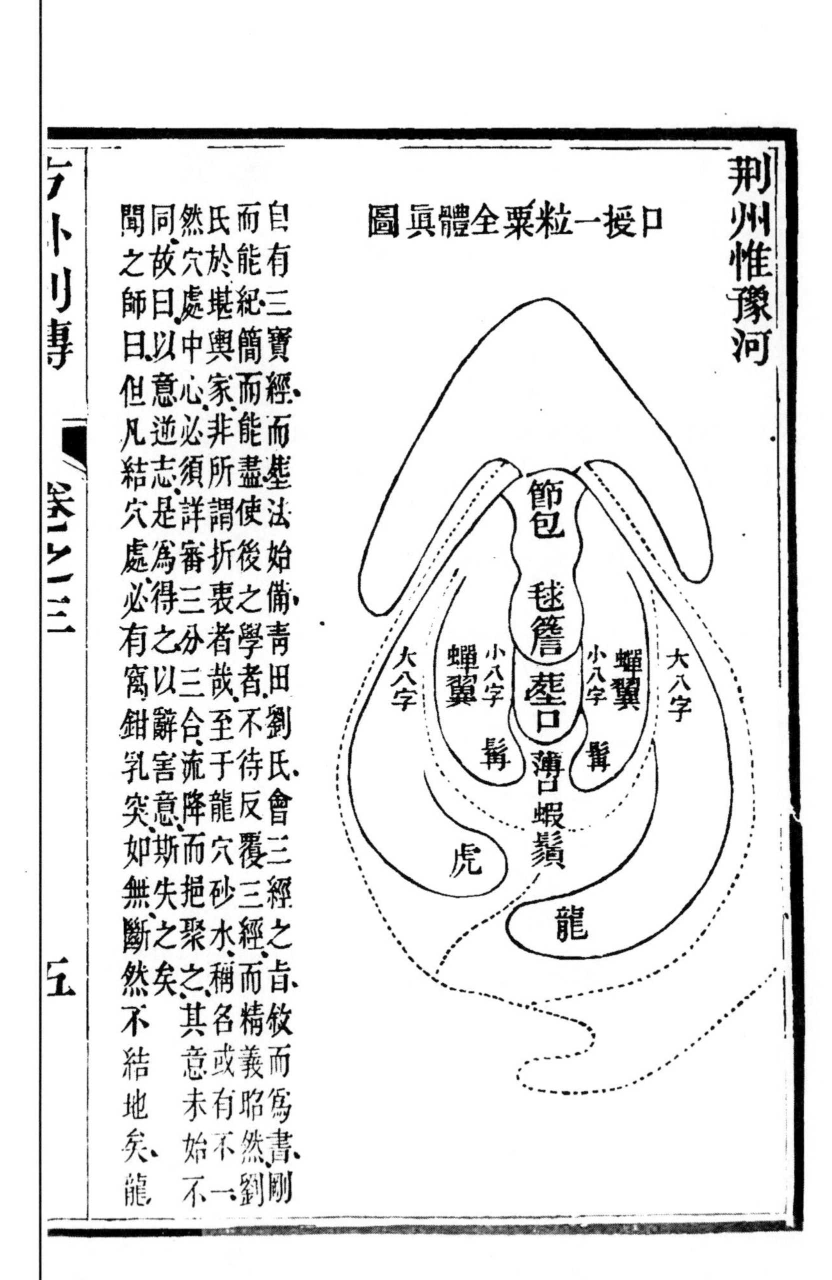

自有三寶經而壂法始備青田劉氏會三經之旨敘而爲書剛而能紀簡而能盡使後之學者不待反覆三經而精義昭然劉氏於堪輿家非所謂折衷者哉至于龍穴砂水稱名或有不一然穴處中心必須詳審三分三合流降而䦨聚之其意未始不同故曰以意逆志是爲得之以辭害意斯失之矣

閒之師曰但凡結穴處必有窩鉗乳突如無斷然不結地矣龍

之來得强者必是窩鉗來得柔者必是乳突此天地間陰陽相配相生之道理千古不易玄妙不可聽信時俗卦例當依劉氏倒杖

天地之道妙於陰陽陰陽之理形於山川是故山原其來水會其會來會之間陰陽斯萃

陽落有窩

此言來龍坦緩不起頂到頭或生窩口開口是也輳稜弦認脈乘金相水扦若然微微生乳突就中埜下理同然此言來龍雖急當求勢止之處此穴不可傷脉也盡頭扦脫殺尋窩理自然若是斬關當頭下勃然禍起絕人烟

陰落有脊

陽落星辰是若何
形如仰掌器生窩
或時開口宜融結
曾有人能識得麽

陰落星辰劍脊形
肥員覆掌更分明
或如葱尾宜齊短
世上何人識得眞

入首星辰從頂而立

陽來陰受。此言來龍勢緩微過脉平坦忽起一節包如扦穴中切不可破傷腦當于突前挖開擴棺入墊口乃求突窩是也。

陰來陽作。此言來龍勢强急陰極陽生穴脉中或窩或口是也。

上有三分

下有三台。此同上言三分三合大小八字之謂也。

龍如仰掌是陽來
自是陽來陰受胎
凸起節包為正穴
覆杯相似不須猜

星如覆掌是陰龍
陰極陽生理在中
到穴畧開窩有口
其形鳥跡正相同

入手初看个字巔
次看凸起節包邊
終看塊硬毬簷畔
龍水三分勢自然

龍有三分在上頭
更須三合下頭流
金魚蟬翼兼龍虎
好去其中次第求

个字三乂要知端的、

此言來龍頂分个字、到頭結穴、三乂水合爲眞、否則假穴也、

龍分頂上有三乂、
左右名爲龍虎砂、
一脈中流宜起伏、
形如个字正無斜、

大小八字、

此言來龍降脈分形分勢之必從者也、

大小八字跡微茫、
生在節包堄硬傍、
若是分明爲大地、
但須脚短莫教長、

金魚、貼身蟬翼、

此言來龍之內、片短砂夾穴、如人生兩間所佩金魚、故名之也、其形如蟬翼、下又有軟翼、所以謂之蟬翼也、

明肓暗翼號金魚、
蟬翼之名果有無、
龍虎宛如雙硬翼、
其中軟翼汝知乎、

股明股暗、有緩有急、

上從明肩、
下開暗翼、
毬簷虬鬚、此言到頭巧結穴處、生一員卩、堆如毬樣、毬下點穴、如簷之滴水、

到卩星辰塊硬生、
毬簷相似自天然、
肥員融結宜端正、
蹉卩生來在面前、

人中難識、
純陰純陽、
天乙太乙、
界水蝦鬚、
徼茫交揖、

左右金魚、 此言結穴之處旋下小窩如人指面之羅紋故名之蓋陰極而陽生也又有穴中土色如其羅紋者亦是

羅紋土宿、 此言窩中之穴如覆杯之形或一或三或五或七或九皆陽極陰生之精華也只如一堆大者可攢棺墊小堆多者破墊口也穴中土色照上同看

墊口要明、 上文同看此天機不泄之妙用也

淺深有則、 此言淺深之法必須得乘則風水自成也蓋高山絕頂陽生氣散而浮只求遮護不必就水若平原曠野則陽極陰生氣急而流只宜水中眠坐不必問風或有平地堆起放棺亦宜陰來陽受或有高山窩深亦宜陽來陰受再將郭蔡二公淺深之法觀之則陰陽支壠之義明矣

結穴星辰似覆鍋、
覆鍋開口或生窩、
若非陰極陽生處、
安得紋如指面羅、

結穴星辰有口開、
口開唇下畧生堆、
此為陽極陰生處、
土縮中堆若覆杯、

毬簷之下畧生窩、
墊口原來正是他、
此是天然眞正穴、
就中倒杖豈差訛、

深淺由來不等閑、
須分平地與高山、
高山止與明堂並、
平地還深一尺安、

脉不離棺．棺不離脉．

合脚臨頭．臨頭合脚．此言到頭結穴．上山起頂．謂之脉氣來臨．兩旁夾水．在面前交合．謂之合脉．如此明白．乃眞地也．

割脚淋頭．淋頭割脚．此言本山不起頂．前水不交會．故曰淋頭割脚．

有合不淋．有淋不合．

臨頭合脚地方眞
上下由來眞氣凝．
上枕毬簷端且正
合襟下對自分明．

無毬坡水是淋頭．
無合名爲割脚流
或有上分無下合
這般假地不須求．

就濕眠乾、眠乾就濕、 此言點穴正毬簷、簷下就合襟、故曰眠乾就濕、

牝牡交承、雌雄相食、 此言穴之至理、分逆分順、乃造化機微之妙也、

放送玄微、後倚、 此言穴後員堆當枕之、故曰後倚、乃毬簷也、

迎接莫失前親、 此言穴前蝦鬚之水、放棺迎其所會、故曰前親也、

上枕毬簷正放棺、水分左右曰眠乾、放棺下就合襟水、就濕之名理亦安、

龍從脉口認眞蹤、土宿羅紋穴亦同、砂有暗明水先後、細分牝牡別雌雄、

後枕毬簷放送如、毬簷後倚自安舒、不偏不倚爲端正、埜法其斯之謂與、

前對合襟似接迎、合襟正對是前親、必端必正無偏倚、此法由來最罕明、

正求架折、此言來龍後面來、謂之正毬、後面斜來轉頭落穴、謂之架折。又陽龍到頭、恐其氣緩、穴點正毬、使氣從頂入也。陰龍到頭、恐其氣急、穴當架折、必使氣從耳入也。郭子云乘生氣、此乃造化不泄之妙也。

倒杖放棺、在師口訣、此言拂耳者、即上文後龍轉頭落穴、氣從耳沖也。拂頂即上文後龍直來受穴、氣從頂入也。但正毬拂頂者、皆自到頭言、未論節後也。若論節候、皆非入受、即腦受也。某嘗有腦頭乘氣之穴、此下手之妙法也。

拂耳拂頂、須分順逆。

枕對之功、難如接木。

正毬架折氣行流、
正出星辰是正毬、
側出星辰爲架折、
但從入首看來由。

十道先於壟口安、
即將直杖倒其間、
毬簷之下合襟上、
枕對無偏即放棺。

氣從何入不須猜、
自是正毬拂頂來、
架折由來爲拂耳、
須分順逆莫違乖。

急則用饒。此言急脈屬陰，陰者小人之象，其情宜避之，避則受煞，謂卜龍如足者是也。

饒則用急。此言緩脈屬陽，陽者君子之象，其親宜親緩則脫脈，所謂卜支如首者是也。

高要藏風。穴在高山，先要藏風。

低不脫脈。若在平洋，先須得水。當合下文淺深同看。

勢如雄急是陰來，雄急來龍緩處裁，
施出毬簷五七寸，免教白爛骨如灰。

陽來坦緩勢委蛇，扞穴須當急處宜，
湊入毬簷五七寸，免教黑爛骨如泥。

穴法高低總不齊，但依證佐是真機，
藏風之處高為妙，界水之中低是宜。

棄死挨生、此來龍分順逆、乘生氣推左則左爲生、推右則右爲生、

來龍強弱認分明、入穴推詳厚薄情、砂有暗明水寬急、挨生棄死穴方眞、

要知來歷、

點穴安墳、如醫着艾、明師登山、一一能解、得師眞傳、瞭然在目、風水自成、不壞骨殖、木根不生、蛇蟻不入、訣在言傳、妙由心受、不授他人、惟傳子息、明著詩篇、逐陳于后、

劉公云、是書一出、地理不待窮、而豁然於心、四科不待察、而瞭然在目、蓋嘗見夫星峯特起、博換分明、或露或隱、或山或坪、傍分二砂、而爲龍虎、本身生列於前者佳、縮後者次、生于前山左右、別生者亦佳、但要寬舒、如窄狹不分明者、假地、中流一脉、而有正斜、卽名華蓋、或正或斜、名曰三义形如个字、水初分於兩邊、第一分水也、而合于龍虎之前、第一合之也、會于前面者重、散于別處者輕、任左右而出矣、中流脉伏、而凸起節包、傍生陰砂、而爲蟬翼、水次分於兩邊、第二分水也

而合於陰砂之際。第二合水也。合于當面者重。散于左右去者輕。稱爲大八字矣。中脉界生塊硬而名毬簷。傍水中分于左右。第三分水也。而名小八字。此會于合襟之際。爲第三合水。即界水也。其脉止矣。自毬簷下。有坦窩子。而名曰葢口。一自葢口下。有一小明堂。而即其薄口。二砂隱隱合襟於薄口之下者。虬髯也。二水微微交會于合襟之端者。蝦鬚也。即金魚界水也。此四科之証佐也。何以别之。殊不知个字三义。節包硬塊者。龍之證佐是也。毬簷葢口。薄口。合襟者。穴之證佐是也。砂之證佐。而有護龍之蟬翼。護穴之虬髯。水之證佐。而有証龍之八字分合。大小八字三分三合。証穴之界水蝦鬚。何以取之。地中之造化。即人身之造化。三义个字者。頭首是也。凸起節包者。人之額門。而第二分合。名大八字。非兩眉乎。再生塊硬者。人之鼻頭。而第三分合。名小八字。非兩眼乎。毬簷而即鼻頭。葢口而即人中。薄口合襟。乃人之下胲。虬髯蝦鬚。乃人之髭鬚

也。惟有陰砂、其義不同、其名不一、藏于龍虎之內、生于節包之傍、輕薄貼身、微茫拱護、如蟬硬翼之下、又有軟翼、故名曰蟬翼、如人腰帶之間、所佩金魚、故名曰金魚、邊有邊無、而有股明股暗之稱、邊明邊暗、而有明肩暗翼之號、證佐明矣、可不究其理乎、蓋理者陰陽、而陰陽者牝牡、牝爲雌、而牡爲雄也。人物皆然 以龍論之、星辰形如覆掌、或生肤胔、來勢雄急者、陰落而雄龍也、星辰形如仰掌、或生窩口、來勢坦緩者、陽落而雌龍也。以穴論之、龍之雄者、結穴畧生窩口、如覆釜之上生一淺窩、或乖或斜或側或員、 此其陰極陽生、而爲少陽之穴、乃雄龍而雌穴者矣、若無窩口、而仍如覆掌肤胔者、穴之太極、而龍穴皆陰雄也。輕于少陽之穴 龍之雌者、結穴畧生小堆、[illegible] 此其陽極陰生、而爲少陰之穴、乃雌龍而雄穴者矣、若不生堆、而仍如仰掌者、窩口、穴之太陽、而龍穴皆陽雌也。次於少陰之穴 羅紋之稱、少陽之穴、其

殺若指面之羅、塋則勿破其唇。（不宜用槨、只宜用棺、寬則不拘。）土縮之稱、少陰之穴、其土如縮而中生、（凸砂、覆杯。）塋則休傷其項。（用打開明堂、從旁塋入。）二者皆地中之精粹、世間之罕有、故特取義如此。砂之明、屬陽而爲雌。砂之暗、屬陰而爲雄。（卽蟬翼蝦鬚也。）天門開於前山者、乾儀純陽之謂。（卽案山、名前官也。）地戶閉於後山者、坤儀純陰之謂。（卽本身後生尾鬼山。）太陰太陽者、青龍白虎也。（卽本身左右生峯、微妙隱然、或在兩手襟峽襟。）少陰少陽者、天乙太乙也。（或後護胎、名日月過峽。）水短屬陽而爲雌者先到、水長屬陰而爲雄者後到、（卽界合也。）故曰牝牡交承、雌雄相食者歟。尤必看其龍從何來、氣從何入、星辰正出而正求者、其龍順來、氣從頂入、故曰拂頂。星辰側出而架折者、其龍逆來、氣從耳入、故曰拂耳。逆順既明、生死可知、龍之強生而弱死、穴之厚生而薄死。（穴在一邊、厚處爲生、一邊薄處爲死、砂水亦然。）砂之明暗、水之寬急、理亦然矣。且四科易察、塋法難明。苟非其傳、差之毫釐、而謬千

千里。苟得其傳，道豈遠而術甚多哉。但當先定一十字于毬口之中，而爲十道之名，曰倒。一直杖于十道之中，而爲倒杖之左上枕。毬簷必端正，而曰後倚，以受其直氣。歸求，故曰歸頭，使水分於兩邊，謂之眼。乾下對合襟，不偏不倚，而曰前親，以取其直氣交會。故曰合脚，務要俯就合水，謂之就濕。毬簷在上，而有放送之情。合襟在下，而有迎接之意。倒杖之法，豈有餘蘊哉。由是用緩急定而開井放棺，切勿信諸家卦例作向消水。有乘氣脈穴法，雖然急緩無方，而穴行傷龍脫脈之患，淺深無則，而氣有上行下過之非。故言則因其來勢之坦緩者，乃陽落也，湊入毬簷五七寸，或一尺，以受正氣。不可緩，緩則脫脈，主黑爛矣。蓋穴不怕高，但要藏風聚氣。故曰乘風則散，是露風也。低則因其來勢之雄急者，乃陰落也，抛出毬簷五七寸，以受正氣。不可湊，湊則傷龍，主白爛矣。蓋穴不怕低，但要

不過界限故曰界水則止。（即龍止也）假如高山結穴開金井止與小明堂相並不可太深深則氣從上行故宜淺矣。假如平地結穴開金井深過小明堂尺許不可太淺淺則氣從下過故宜深矣急緩既有其方淺深亦有其則。又當辨其龍之強弱穴之厚薄砂之明暗水之寬急用心着眼挨生棄死。（即挨葬口生氣三分也）如是則放棺無所差。而葬法無以加矣。

倒杖之法劉公揭其綱矣然有十二杖之別焉蓋生氣之融結或真受或橫來或上升或下降或入自傍或鍾於正或為坪中之突或為突中之窩或收而短或舒而長或雌而柔或雄而剛氣之變化不一如此故點穴之時或山或水不能盡如吾願而生氣既真於是有倒杖之法以還就之順逆縮綴開穿離沒對截頓犯之杖立焉是杖有十二猶一歲之有十二月也每兩杖

相反、猶十二月之陰陽相迭也、此法皆不可廢、而謝覺齋之詩、未必皆當、惟周東樓辨析之明、有可取者、乃纂其說、圖其概、以備觀云、

行盡江南幾萬里、未知那箇是真龍、三山並出包藏內、
二水交流會合中、奴在面前排隊伍、主從背後聳星峯、
城門閉塞無空缺、水口關闌不動風、

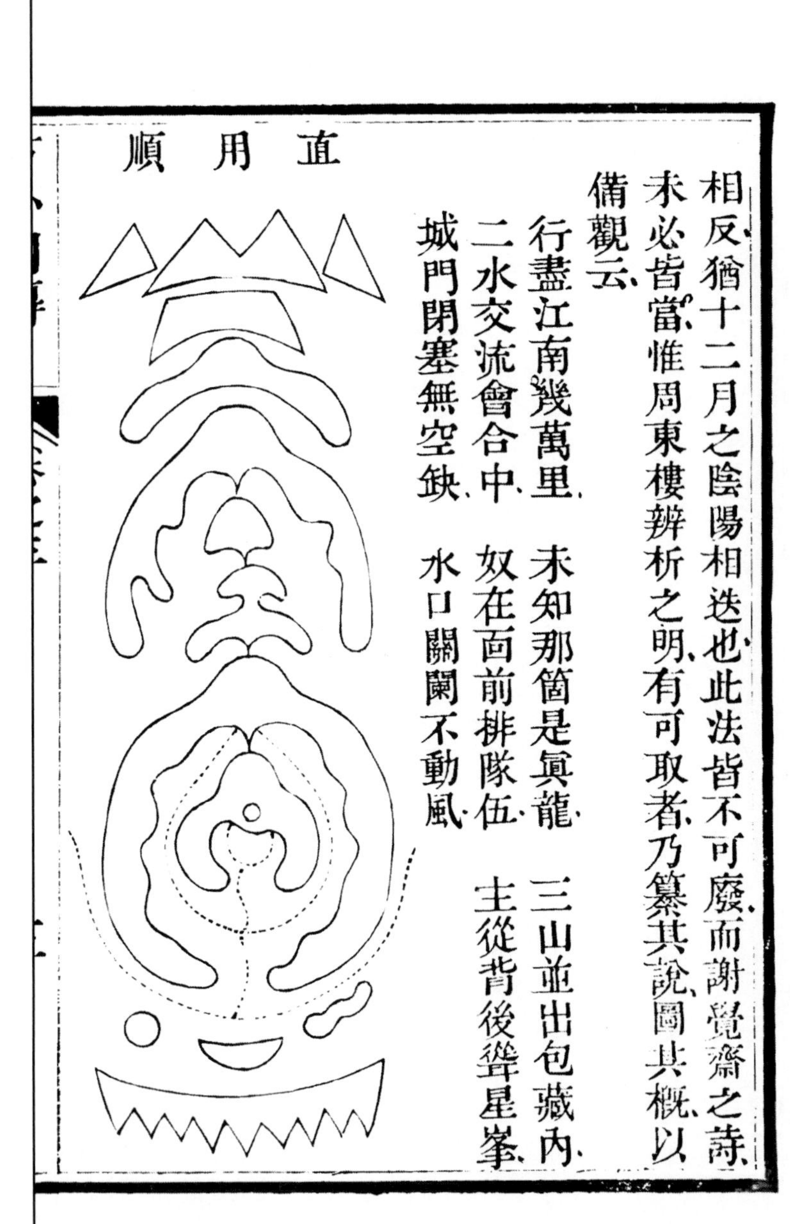

此順杖與逆杖相反、順爲土牛直來、順有生無死、四獸和平、順固穴正、而力量全、順脉喜雌、可用順杖、　順山順水順來岡、十字之中最吉祥、尋坐脉、占西東、大抵西東要滿弓、弓若圓時興發遠、當心一點是眞縱、　恬善迨迨勢軟平、透迤屈曲似龍行、氣從腦入棺中正、順杖仙机妙入神、

橫用逆

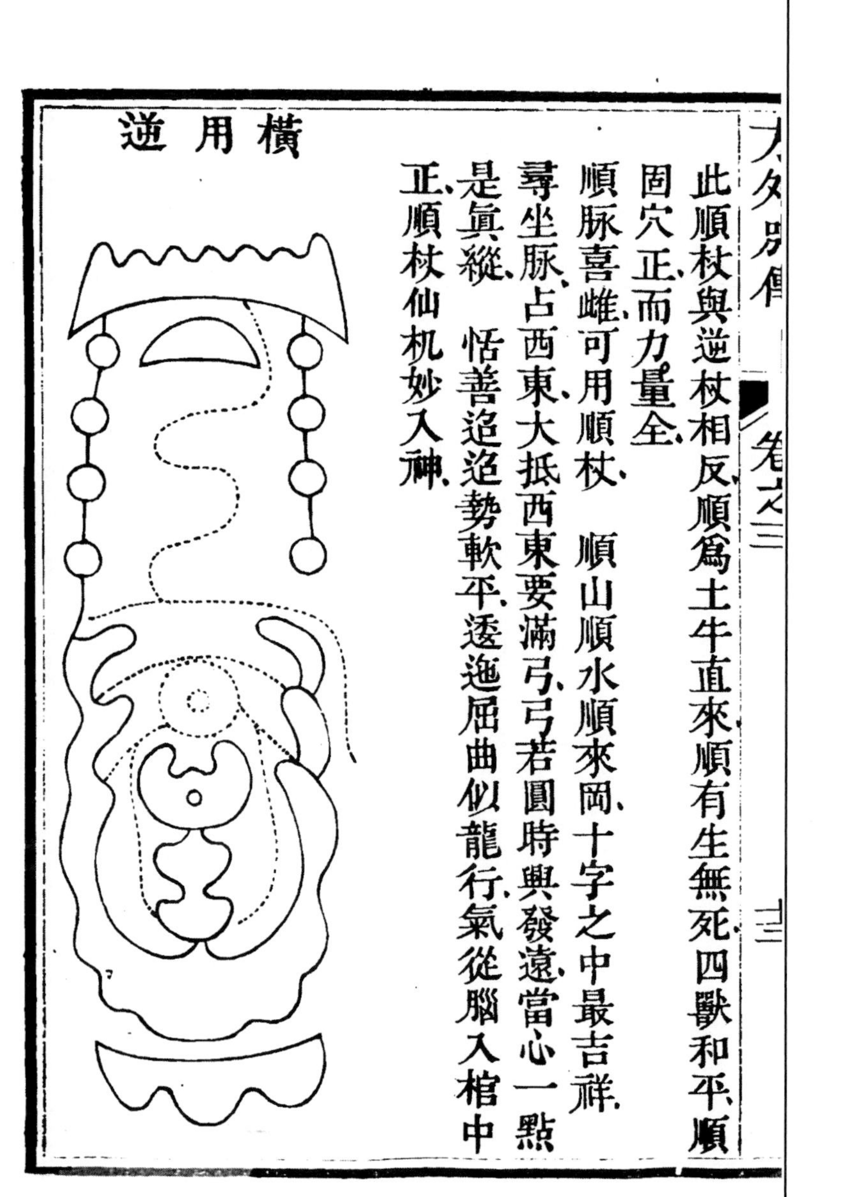

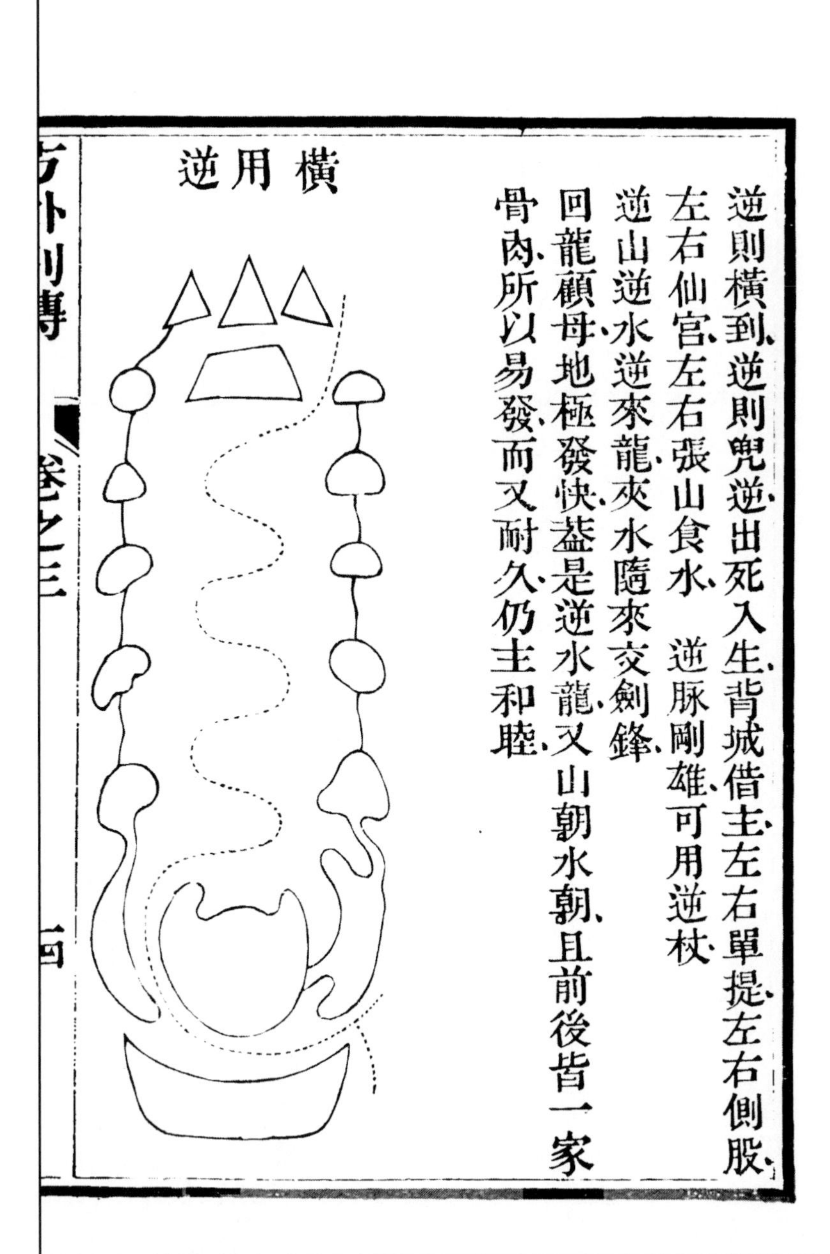

橫用逆

逆則橫到、逆則兜逆出死入生、背城借主、左右單提、左右側股、左右仙宮、左右張山食水、　逆脉剛雄、可用逆杖、逆山逆水、逆來龍、夾水隨來交劍鋒、回龍顧母地極發快、蓋是逆水龍、又山朝水朝、且前後皆一家骨肉、所以易發、而又耐久、仍主和睦、

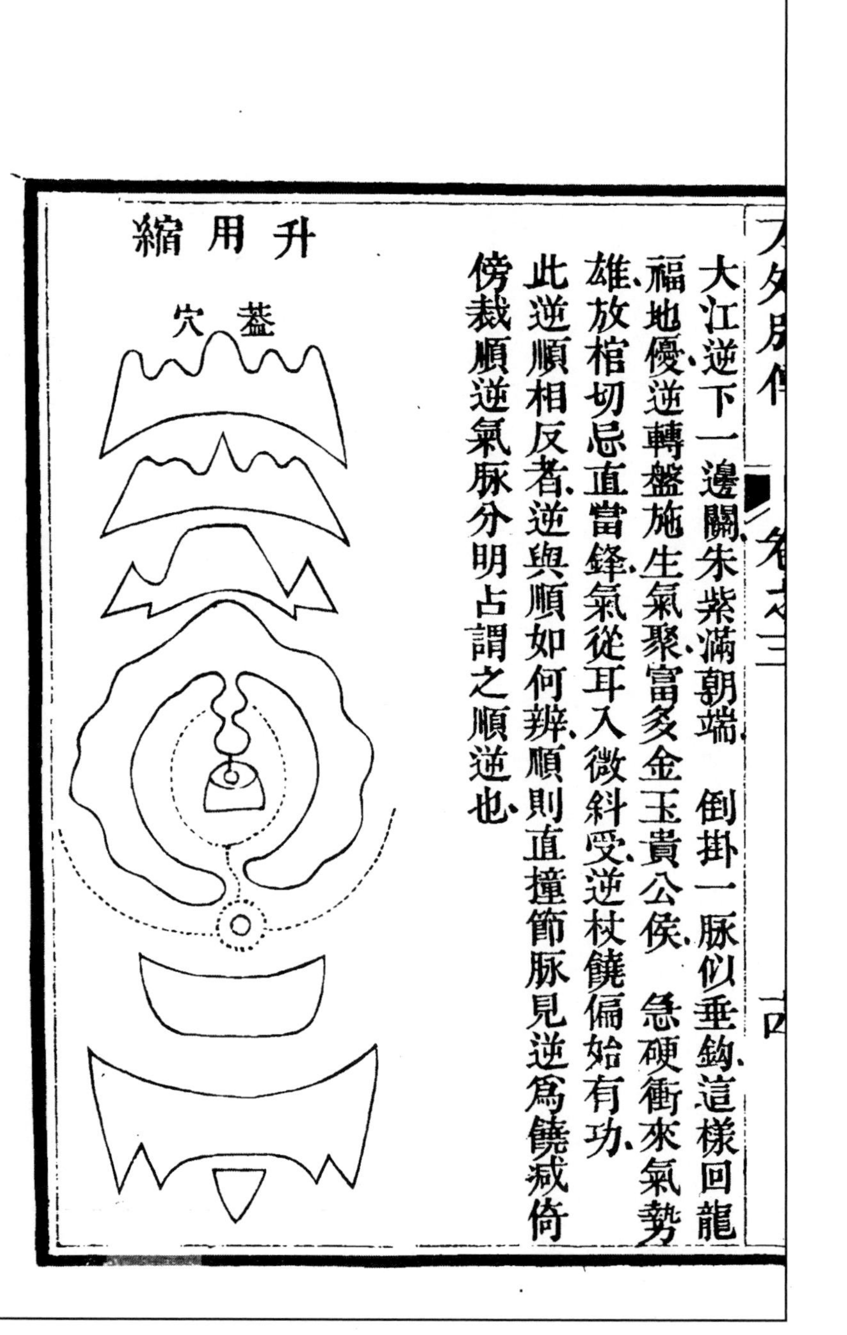

大江逆下一邊關、朱紫滿朝端、　倒掛一脉似垂鈎、這樣回龍福地優、逆轉盤旋生氣聚、富多金玉貴公侯、　急硬衝來氣勢雄、放棺切忌直當鋒、氣從耳入微斜受、逆杖饒偏始有功、

此逆順相反者、逆與順如何辨、順則直撞節脉見逆爲饒減倚傍裁、順逆氣脉分明、占謂之順逆也、

縮脉、緩宜蓋穴、可用縮杖、　縮杖與綴杖相反、縮爲陽來陰作、以本身低而衆山高也、蓋穴縮、爲龍從火出、　平洋若遇城高列、覆釜眞奇絕、頂上安墳不用饒、仍貴水來朝、　驪龍吐珠逢珠、即住、穴居頭上、山外拱、而內逼窄者、穴宜高昂、勢短來徐上住、高氣藏、百會產英豪、放棺湊緊當中截、縮入天庭不用饒、

降用綴

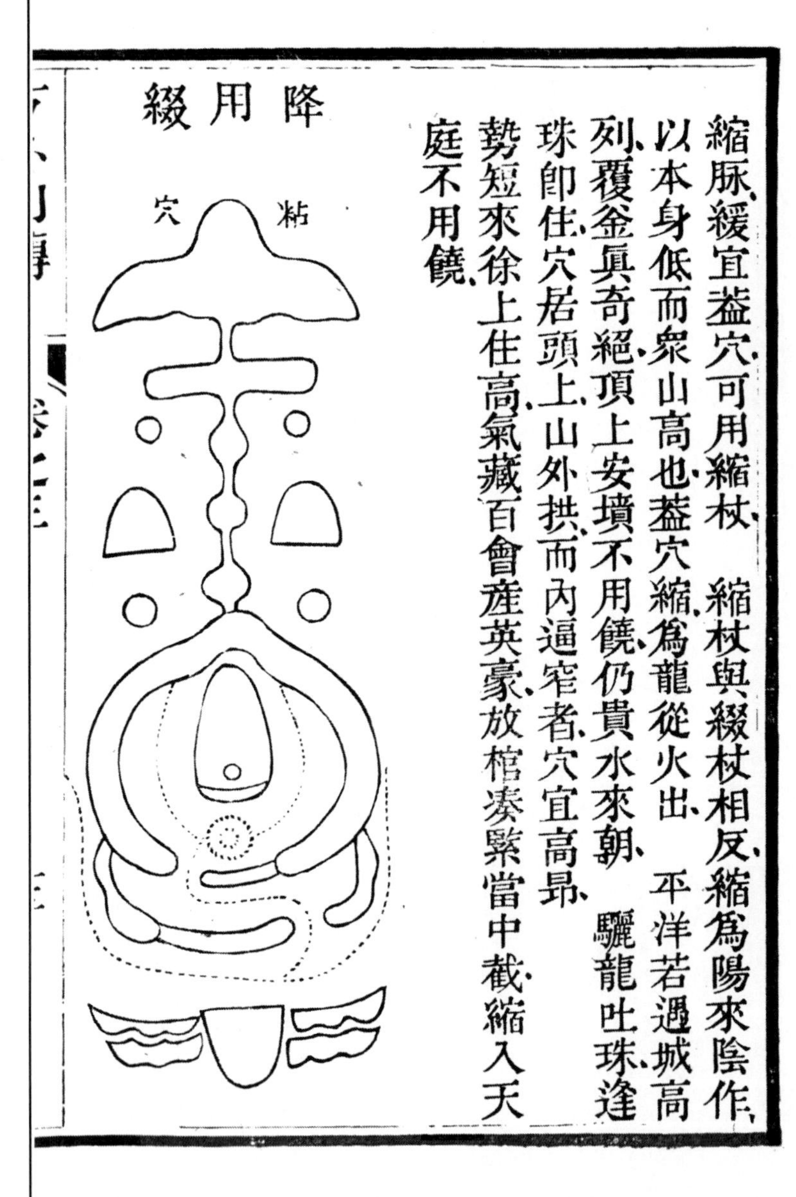

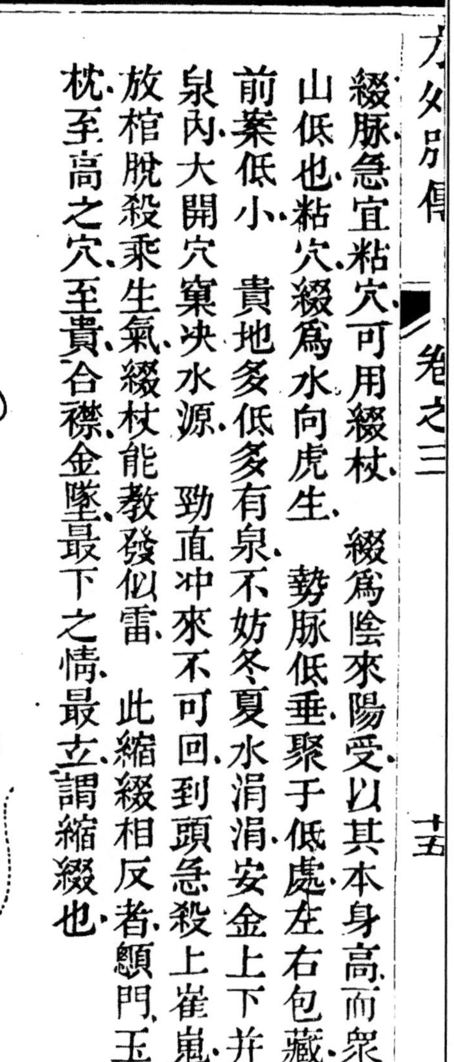

綴脉急宜粘穴可用綴杖、　綴爲陰來陽受以其本身高而衆山低也粘穴綴爲水向虎生、　勢脉低垂聚于低處左右包藏、前案低小　貴地多低多有泉、不妨冬夏水涓涓安金上下并泉內大開穴竅决水源　勁直冲來不可回、到頭急殺上崔嵬、放棺脫殺乘生氣綴杖能教發似雷、　此縮綴相反者顋門玉枕至高之穴至貴合襟金墜最下之情最立謂縮綴也

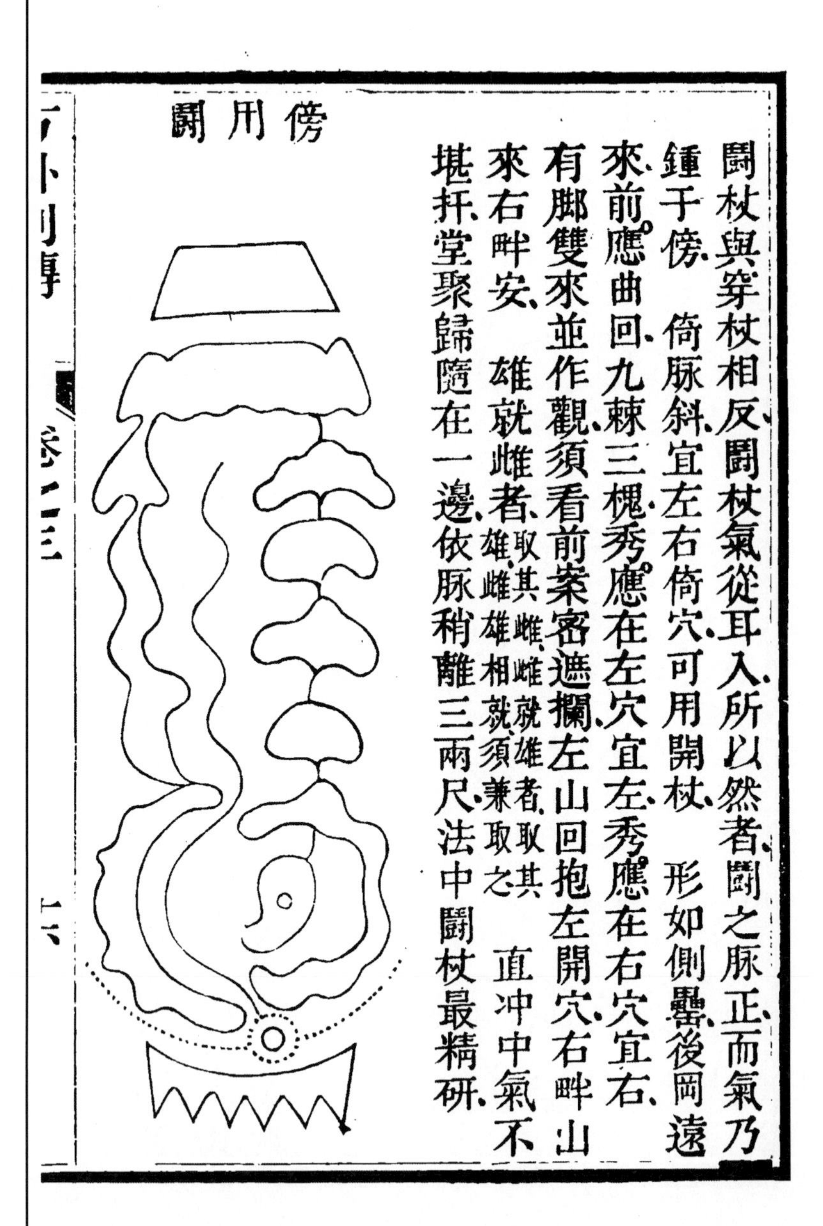

傍用鬪

鬪杖與穿杖相反、鬪杖氣從耳入、所以然者、鬪之脉正、而氣乃鍾于傍、 倚脉斜、宜左右倚穴、可用開杖、 形如側罍、後岡遠來、前應曲回、九棘三槐、秀應在左、穴宜左、秀應在右、穴宜右、有脚雙來並作觀、須看前案密遮攔、左山回抱左開穴、右畔山來右畔安、 雄就雌者、雄取其雌、雌就雄者、雌取其雄、雄雌相就、須兼取之 直冲中氣不堪扦、掌聚歸隨在一邊、依脉稍離三兩尺、法中鬪杖最精研、

脉正而氣鍾於旁、

右鉠依山居左畔、左穴須向右邊藏、忽然穴側龍虎偏、衣祿自綿綿、收得穴眞水又抱、不怕玄武拗、時師只重點中央、爭奈拗明堂、明堂財祿要迎接、不接不來謁、若然就得穴端時、堂側水斜批、穴若斜時明堂正、永趋全無病、

正用穿

撞穴

穿則貫頂撞穴、脉自傍來而氣乃正、穿脉正受宜撞穴可用穿杖、雌雄慶會值千金、形穴分明坐正心、更得朝巒併水秀、爲官世代衆人欽、八形貴求臍腹、却要窩藏、上剛下急勢稜層、好覓中停撞樂星、十字剪交横受脉、神仙穿杖許誰能、此鬪杖穿杖相反者、順受逆受、何拘對定於天心、旁求正求、猶在消詳於龍虎、謂鬪穿也、

突用離

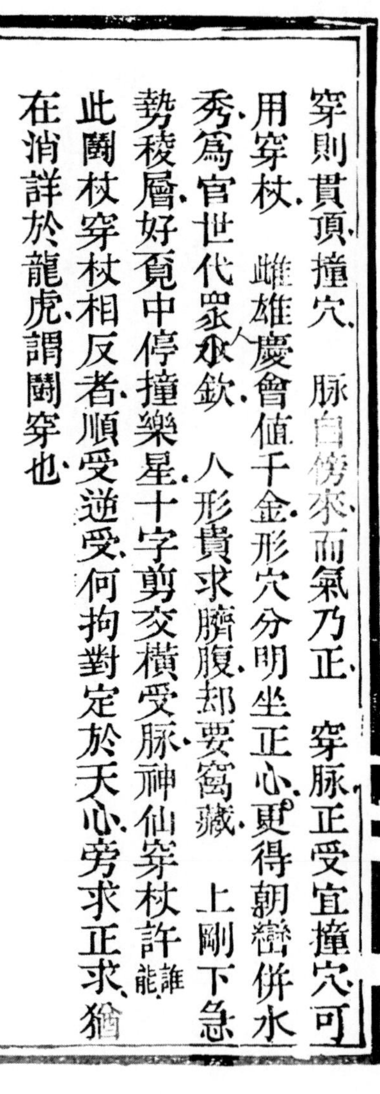

離杖與沒杖相反　離脈、平洋地脫殺氣、可用離杖、
離乃坪中之突、包陰言、脫脈就氣、鍾穴之處、與龍別遠也
懸絲釣卵、前有員峰、一斷一續、隱隱隆隆、穴居峯頂、積谷彌豐、
來脈迢迢、忽失蹤、却於平地起員峰、朝山朝水俱回抱、吉穴安
扦福祿豐、　勢雄氣猛峻無停、脫落鋪氈展席平、離脈就坪中
倒杖員金中正疊成墳、
此離沒相反者、突中有窩、高處平也、窩中有突、低處高也、謂離
沒也、然又有突上突、窩中窩者、突上窩、乃天生自然之穴、即於
窩中扦之、若勢猛旺、凸上覆碗、則當打開以法葬之、是突上突、
又爲縮杖也、大段龍似仰盤、有窩有凸、便堪安、仰盤龍而曰有
窩、是窩中窩、又爲綴杖也、

没用窩

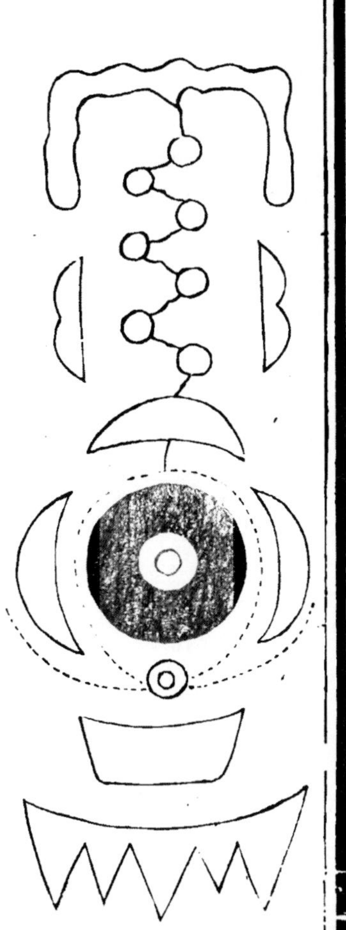

没則突中之窩、窩包陽、如架上金盆之類、中央低而四傍高、法於窩中倒杖、言杖沉没于窩底也、廖謂沉穴、楊謂掌穴、非闊窊也、

没杖乳頭肥滿、可用没杖、

乳肥面滿脉微茫、法有開金取水於濶大開塋中接氣、開孤没杖有酌量。

穴如仰掌對天心、四畔茫茫無處尋、穴外忽生峯可對、誰知此地值千金。

生成之穴貴天然、非乳非鉗掌內扡、掌心之穴、隱然如鳥窠金盤、自有藏風聚氣之象、當略傍母指邊扦穴、須分氣脉生死、如何若左右生死不分、強弱不別、當中心扦、不可掘鑿太深、恐傷龍脉、

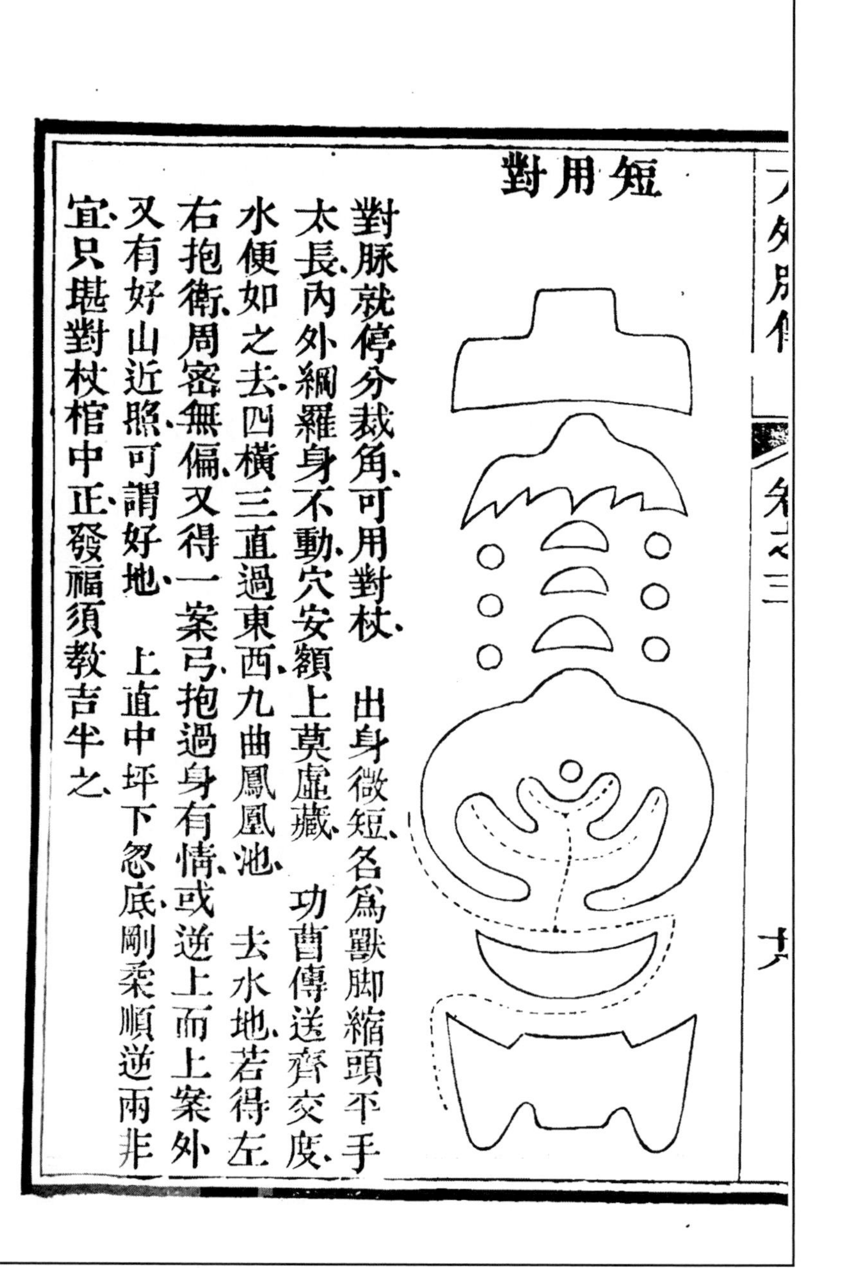

大分別傳 卷之三

短用對

對脉就停分裁角、可用對杖、出身微短、各爲獸脚縮頭平手
太長、內外網羅身不動、穴安額上莫虛藏、功曹傳送齊交度、
水便如之去、四橫三直過東西、九曲鳳凰池、去水地、若得左
右抱衛、周密無偏、又得一案弓抱過身有情、或逆上而上案外
又有好山近照、可謂好地、上直中坪下忽底剛柔順逆兩非
宜、只堪對杖棺中正發福須教吉半之、

長用截

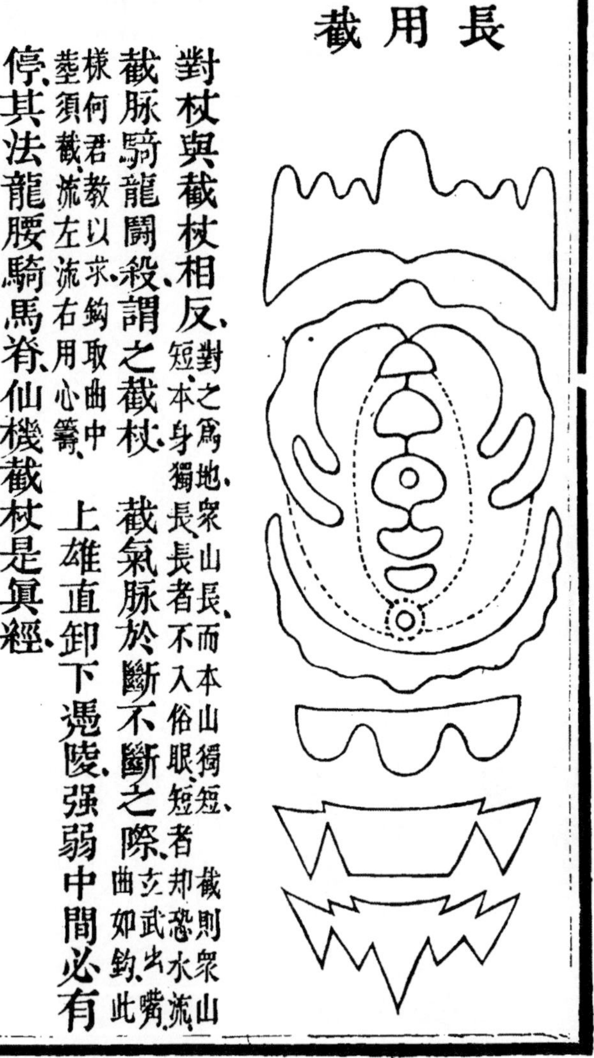

對杖與截杖相反、對之爲地、衆山長、而本山獨短、截則衆山短、本身獨長、長者不入俗眼、短者抑恐水流、截脉騎龍鬬殺、謂之截杖、截氣脉於斷不斷之際、玄武出嘴、曲如鈎、此様何君教以求鈎取曲中埜須截、流左流右用心籌、上雄直卸下遇陵、强弱中間必有停、其法龍腰騎馬脊、仙機截杖是眞經、此對截相反者、魚脬橫截、妙存金乳之動蕩、茅葉側墜、活似水珠之鈎懸、謂對截也、

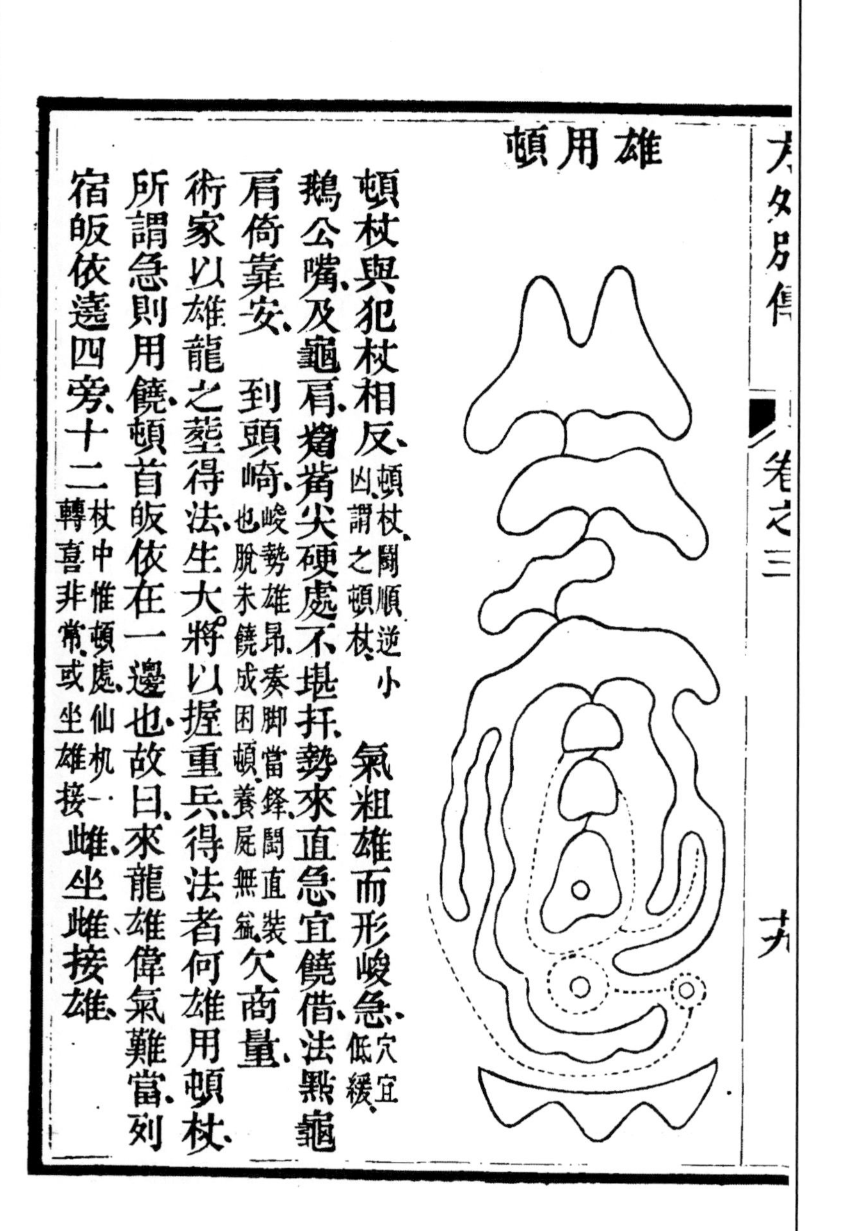

雄用頓

頓杖與犯杖相反、頓杖、鬬順逆小凶、謂之頓杖、氣粗雄而形峻急、穴宜低緩、鵝公嘴、及龜肩、猪觜尖硬處不堪扦、勢來直急宜饒借法，點龜肩倚靠安、　到頭崎、峻勢雄昂、奏脚當鋒、鬬直裝也、脫未饒成困頓、養屍無氣欠商量、術家以雄龍之莖得法、生大將以握重兵、得法者何、雄用頓杖、所謂急則用饒、頓首飯依在一邊也、故曰、來龍雄偉氣難當、列宿飯依遶四旁、十二杖中惟頓處、仙机一轉、喜非常、或坐雄接雌、坐雌接雄、

雌用犯

犯杖鬪脉當殺、謂之犯杖、　錦被脉、最難遷、擁起天心似覆船

山若緩嵱急、處下、莫遭明堂傾復瀉、要令當面水朝陽列土、分茅榮五馬、

龍雄立武嘴尖長嵴上安墳煞氣昂、此是亂埋爲犯杖、翻棺倒骨見刑傷、

雌龍之埊得法生慈善、以爲淑人、雌用犯杖、所謂緩則直撞、恐

其脫脉、而取鬪也、故曰、雌龍柔軟氣微收、愛殺雄龍遶四圍、犯杖須于急處下、也同蓋杖產公侯、或坐

雄接雌、或坐雌接雄、蓋一雌出于衆雄之中、一雄生于衆雌之內、均非尋常小器也

此頓犯相反者、急山急水、穴藏慢處。緩山緩水、穴裁急處。山直穴其曲。山曲穴其直。猛則穴於彎環之側。弱則穴于雄悍之傍。

緩時何妨安絕頂、急時不怕葬深泥、皆明頓犯之義也。謝氏乃謂頓龍𡾰險雄昂、犯龍雄觜尖長、又謂頓則鬭直未饒、犯則亂埋殺昂、是頓犯皆爲雄龍、而杖法無辨矣、豈知江山之勝、雄偉非常、而朱子豈深取雄龍乎、故剛則宜頓、卽頓首頓足之頓、非困頓也、柔則宜犯、卽孔子勿欺而犯之犯、非犯殺也、二者皆不可廢、東樓之說當矣、

右按山勢異形、杖法兼妙、難盡圖也、特圖一二、以別其異、使易曉爾、人當會意于山水自然之圖可焉、

金星最喜安水穴、無窩須尋突、若然突窩不分明、硬面火來侵、
木星行龍須轉換、重木不須論、直木開尸却爲奇、陰穴定無疑、
水宿不宜安水穴、下了分人絕、好從陽頂問根源、富貴子孫賢、
火星最宜扦取土、上要有木乳、無節無乳不堪扦、扦瘟火發連綿、
土宿不宜葬重土、黃腫扛屍死、只宜金上可安扦、兩角認其端、

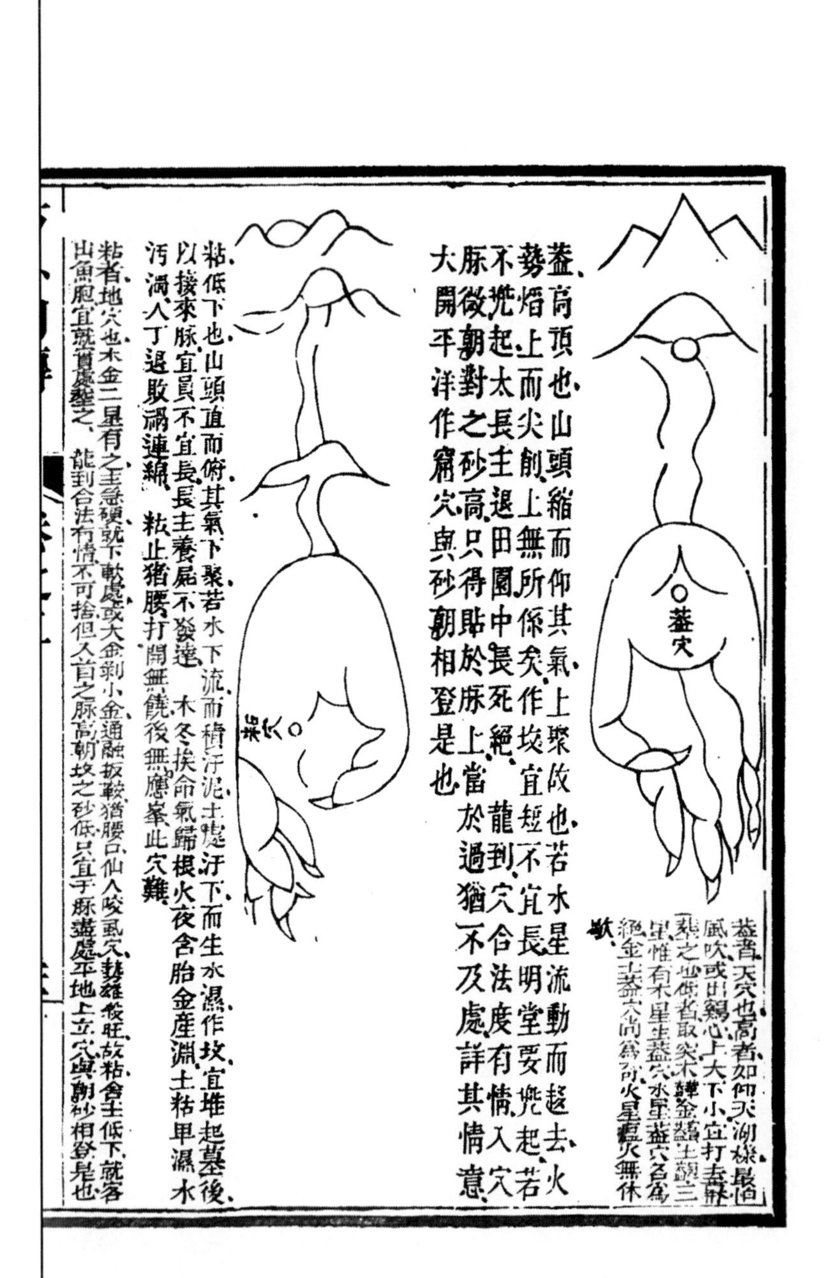

蓋、高頂也、山頭縮而仰、其氣上聚故也、若水星流動而起去、火勢焰上而尖削、上無所係矣、作坟宜短不宜長、明堂要兆起、若不兆起、太長主退田園、中長死絕、龍到穴合法、度有情、入穴脉微、朝對之砂高、只得貼於脉上、當於過猶不及處、詳其情意、大開平洋作窩穴、與砂朝相登是也。

蓋者、天穴也、高者如仰天湖、樣最怕風吹、或出鷄心上大下小、宜打蓋粘、粘之也、低者取突、不離金龍土頭三星、惟有木星生蓋穴、水星蓋穴名為絕、金土蓋穴尚為可、火星蓋穴無休歇。

粘、低下也、山頭直而俯、其氣下聚、若水下流而積、汙泥土處、汙下而生水濕、作坟宜堆起墓後、以接來脉、宜員不宜長、長主養屍不發達、木冬挨命氣歸根、火夜含胎、金產淵、土粘卑濕水汚渦、人丁退敗禍連綿。粘止猪腰、打開無、饒後無、應峯此穴難。

粘者、地穴也、木金二星有之、主急硬、就下軟處、或大金剝小金通融扳鞍、猪腰合仙人咬虱穴、勢雖發旺、故粘含主低下、就寄出面肥、宜就員處埋之、龍到合法有情不可捨、但入首之脉高、朝坟之砂低、只宜于脉盡處平地上立穴、與朝砂相登是也。

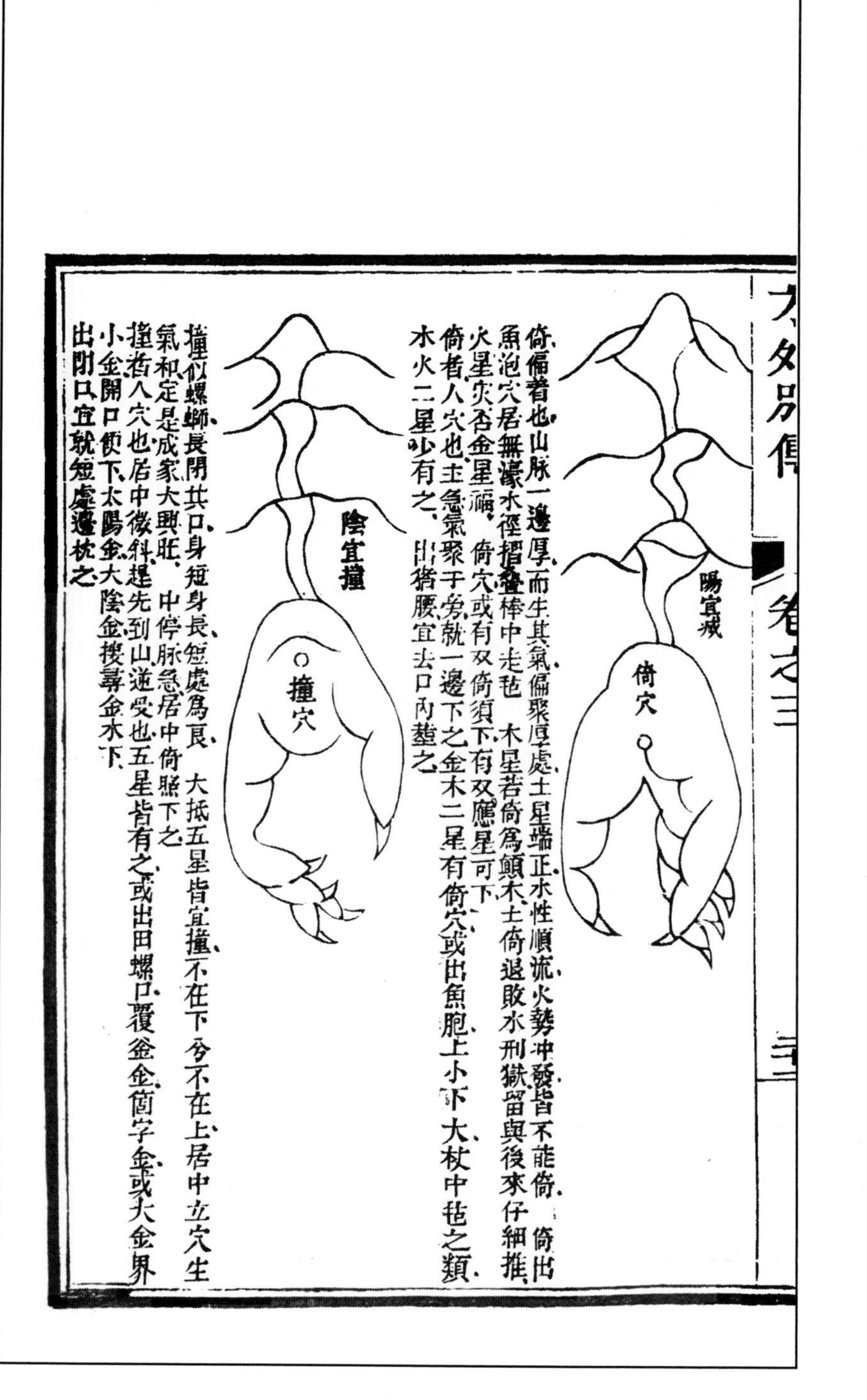

穴外別傳　卷之三

倚偏者也山脉一邊厚而生其氣偏聚厚處土星端正水性順流火勢冲發皆不能倚　倚出魚泡穴居無濠水徑摺疊棒中走毬　木星若倚為顛木土倚退敗水刑獄留與後來仔細推火星穴否金星漏　倚穴或有双倚須下有双應星可下

倚者八穴也主急氣聚于旁就一邊下之金木二星有倚穴或出魚胞上小下大杖中毬之類木火二星少有之　出猪腰宜去口內葬之

撞似螺螄長閉其口身短身長短處為艮　大抵五星皆宜撞不在下分不在上居中立穴生氣和定是成家大興旺　中停脉急居中倚照下之

撞者八穴也居中微斜趕先到山逆受也五星皆有之或出田螺口覆釜金窩字金或大金界小金開口便下太陽金大陰金搜尋金水下出閉口宜就短處邊枕之

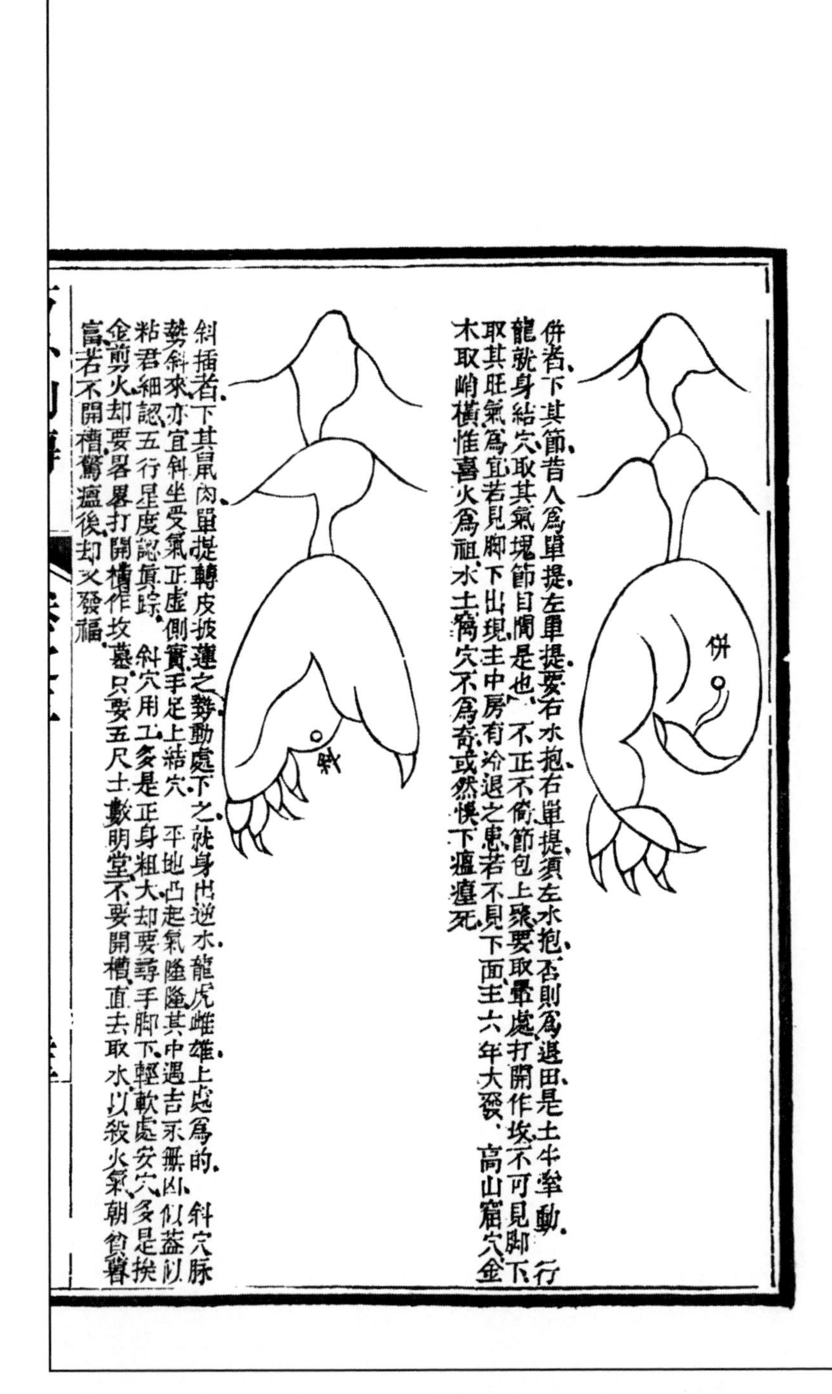

併者、下其節、昔人爲單提、左單提要右水抱、右單提須左水抱、否則爲退田、是土牛挙動、行龍就身結穴、取其氣塊節目閼是也。不正不倚、節包上聚、要取暈處打開作坎、不可見脚下、取其旺氣爲宜、若見脚下出現、主中房有冷退之患、若不見下面、主六年大發、高山窩穴金木取峭横、惟喜火爲祖、水土窩穴不爲奇、或然悞下遭瘟死

斜插者、下其鼠肉單提、轉皮披蓮之勢、動處下之、就身出逆水、龍虎雌雄、上處爲的、斜穴脉勢斜來、亦宜斜坐受氣、正虛側實、手足上結穴、平地凸起氣隆隆、其中遇吉永無凶、似蓋衫粘君細認、五行星度認眞踪、斜穴用工多是正身粗大、却要尋手脚下、輕軟處安穴、多是挨金剪火、却要畧畧打開槽作坎、墓只要五尺土、數明堂、不要開槽、直去取水、以殺火氣、朝貧暮富、若不開槽、斷瘟後、却又發福

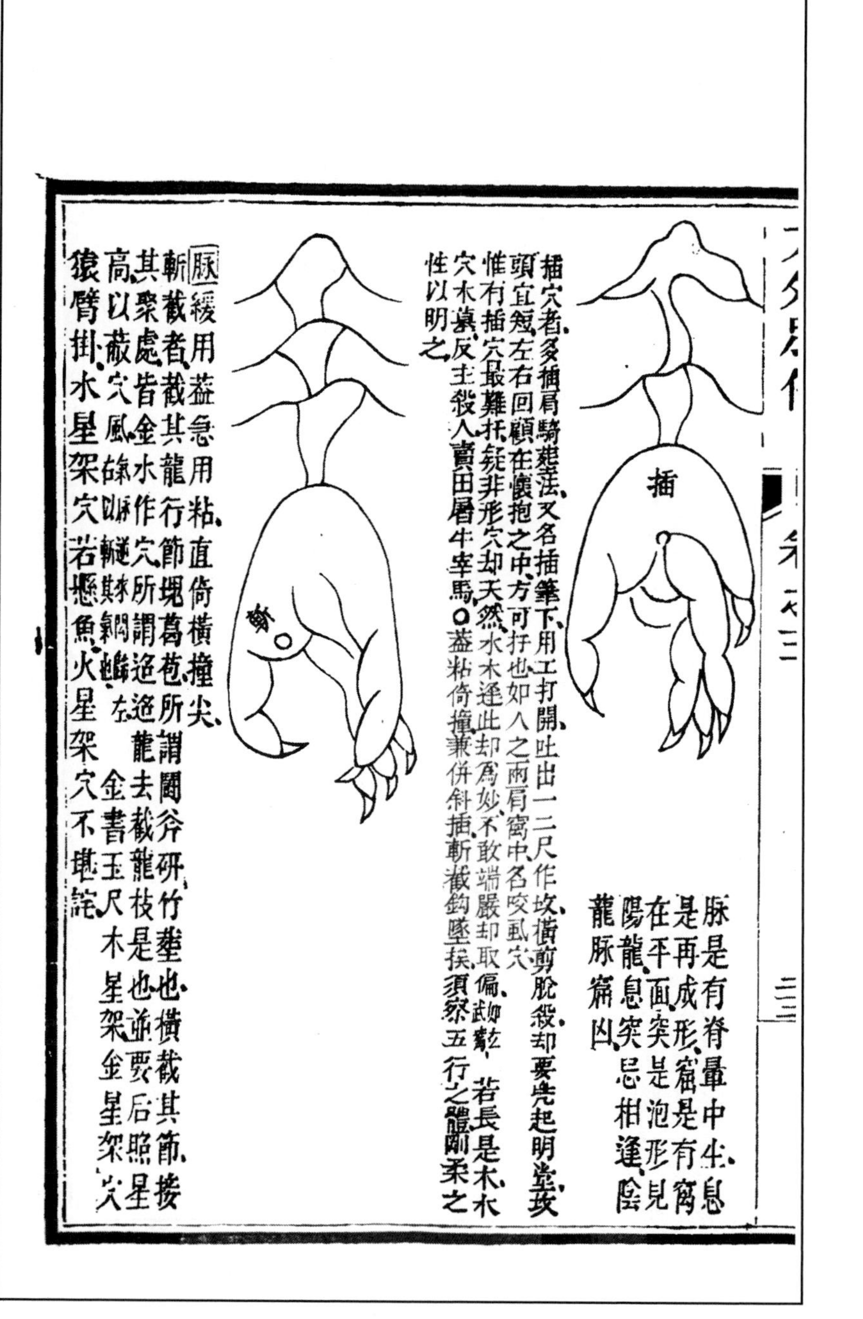

脉是有脊暈中生息是再成形窟是有窩在平面突是泡形見陽龍息突忌相逢陰龍脉窩凶

插穴者、多插肩騎蓋法、又名插筆下、用工打開、吐出一二尺作坆、横剪脫殺、却要先起明堂爽頭宜短、左右回顧在懷抱之中、方可扦也如人之兩肩窩中、名咬虱穴惟有插穴最難扦、疑非形穴却天然、水木逢此却爲妙、不敢端嚴却取偏、若長是木、木穴木真、反主殺人賣田屠牛宰馬○蓋粘倚撞兼併斜插斬截鈎墜挨須察五行之體剛柔之性以明之

脉緩用蓋急用粘、直倚横撞尖、斬截者、截其龍行節塊蒿苞所謂闔斧研竹𡎺也、横截其節接其聚處皆金水作穴所謂迯迯龍去截龍枝是也並要后照星高以蔽穴風、金書玉尺木星架金星架穴猿臂掛、水星架穴若懸魚、火星架穴不堪詑

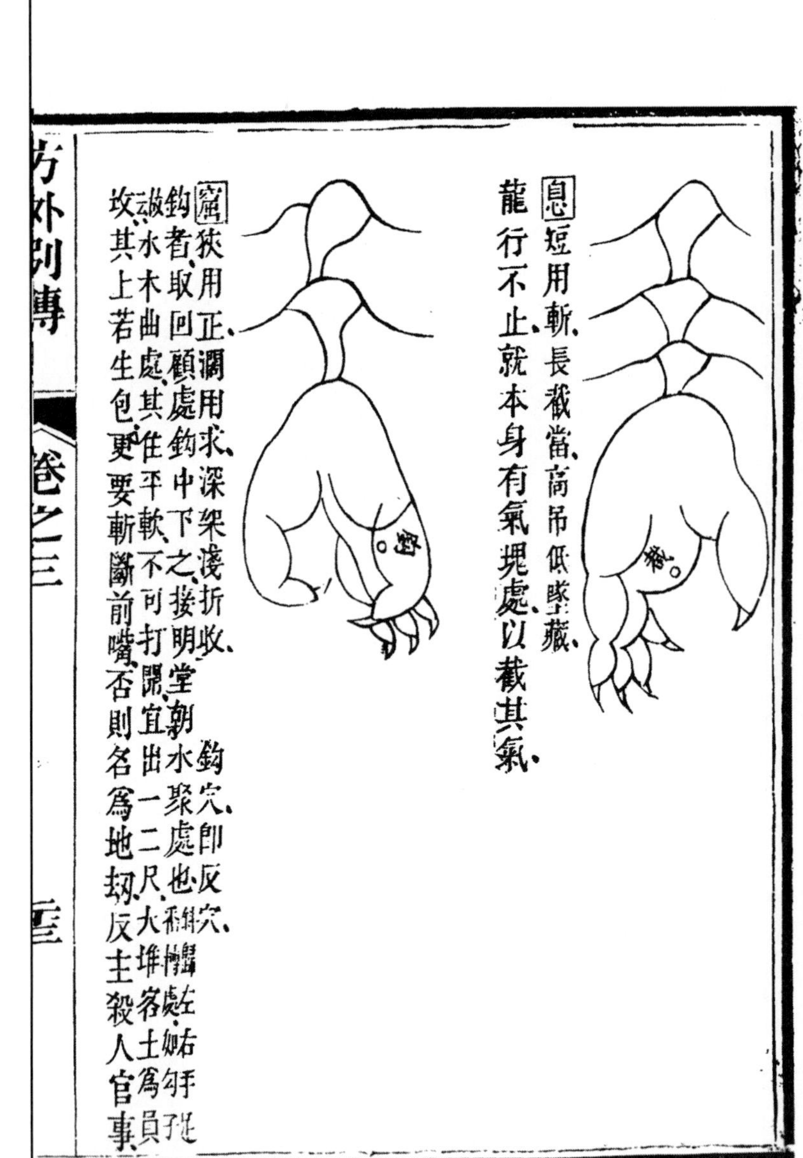

息 短用斬、長截當、高吊低墜藏、龍行不止、就本身有氣堄處、以截其氣、

窩 狹用正、調用求、深架淺折收、鈎穴、即反穴、鈎者、取回顧處鈎中下之、接明堂、朝水聚處也、翻身左右手足、轉處、如勾子、澁水木曲處、其性平軟、不可打開、宜出一二尺、大堆客土為員、攻其上、若生包、更要斬斷前嘴、否則名為地刼、反主殺人官事、

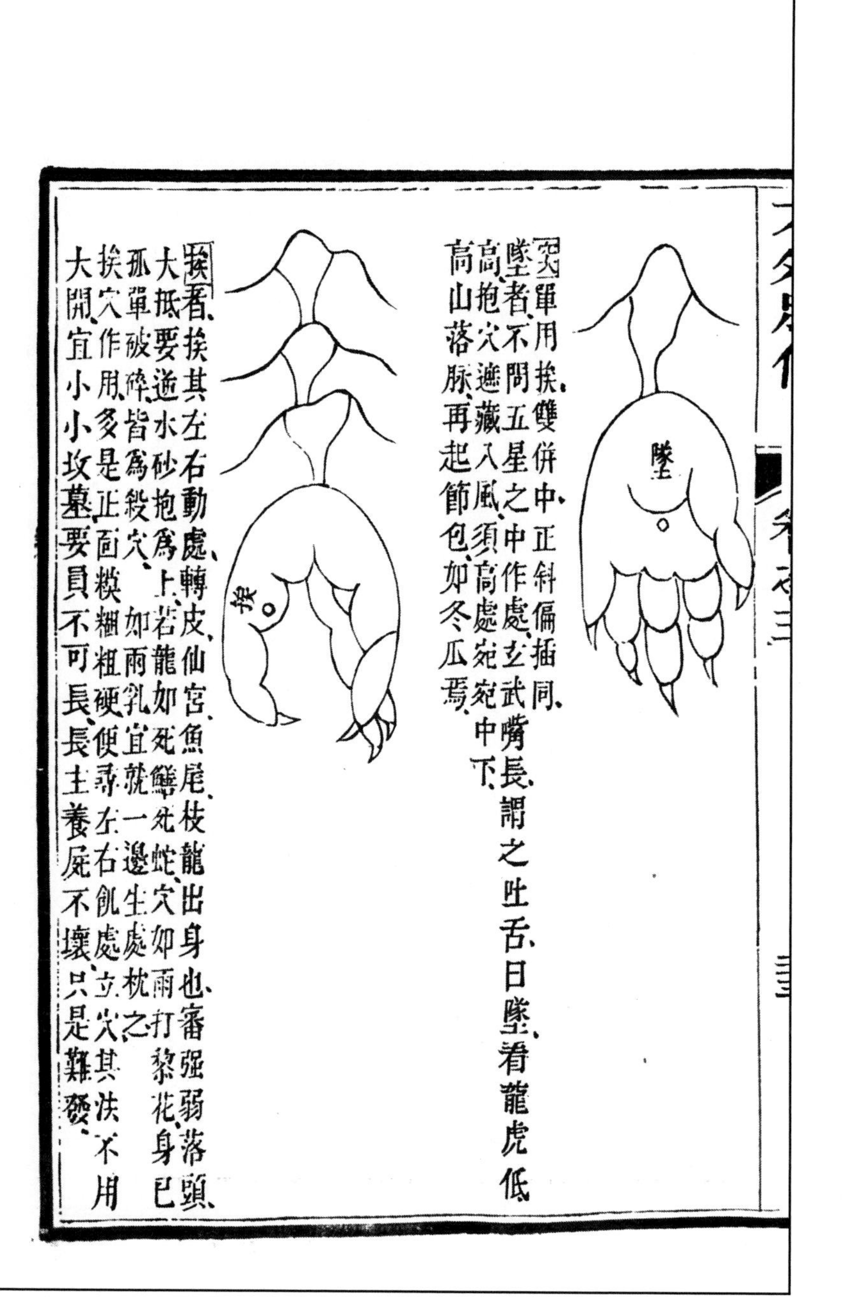

【突】單用挨。雙併中。正斜偏插同。
墜者。不問五星之中作處。玄武嘴長。謂之吐舌。曰墜。看龍虎低高。抱穴遮藏。八風須高處宛宛中下。
高山落脉。再起節包如冬瓜焉。

【挨】者。挨其左右動處。轉皮仙宮。魚尾枝龍出身也。審强弱落頭。大抵要逆水砂抱爲上。若龍如死鱓死蛇。穴如雨打梨花。身已孤單破碎。皆爲殺穴。如雨乳宜就一邊生處枕之。
挨穴作用。多是正面粿糲粗硬。便尋左右飢處立穴。其法不用大開宜小小坟墓。要員不可長。長主養屍不壞。只是難發。

十二要

一要龍起尊尊祖、二要水口疊疊關、三要龍換重重夾、四要續峽細細穿、五要護峽雙雙帳、六要主山特特端、七要落脈眞眞止。八要界水橫橫灣。九要貼身微微抱。十要下臂逆逆兜。十一大勢團團聚、十二朝案特特專、

祖山聳拔、云云水口一層高一層、云云搏換星辰節節夾從、云云續脈過峽細細跌斷、兩頭大而中細、爲蜂腰、兩頭細、而中大、爲鶴膝、峽長而緩無結、峽短而東峽前定作穴矣、不可露風、前迎後送、云云或有後

帳無前帳、只要護得過、不被風吹、亦可、主山特異於衆。衆小特大。衆大特小。衆高取低。衆低取高。特特星辰起頂降勢、殊無扯拽尖射反逆破碎、但見特超于衆也。眞脉到頭。有垂脉之水界斷。橫灣脉下。則直止矣。兩傍界水之外、有隨身微砂、抱揖堂前、合襟砂外、又有明砂在下臂、將內外之水盡行兜住、不見其去、則水上坎矣、俗云、有地無地。先看下臂。千兜萬兜。不如逆水一收。斯誠有關截大勢山水圍聚、朝案的對、風水自成矣、

地理大槪

大概陰陽至理、妙在山水玄微、眞龍落時、有送有迎、結時、有勢有氣、勢若止。則後直前灣。氣若聚。則後分前合。脉若來、看浮沉證佐、水若合、看斗𠙆明堂、氣脉茫茫、陰陽造化、朱雀以形求、而莫教尖射、玄武以氣受、而不得斜飛、龍虎切忌生風、土牛最怕牽跌、

小八字、員如斗𠙆、兩界水、明堂合襟、此中定有眞穴、龍凹虎缺、外無障山、穴內見之、是生風也、土牛、穴道也、穴前有小水及砂、或路直來直去、謂繩牽動、穴不佳矣、若大水、來爲木城直撞、去爲流辰直出、皆凶殺也、跌者、穴前無裀褥餘氣、有坑陷、皆謂

死土牛為地無餘氣，子孫稀，穴前忌見深坑跌凶殺也。

知止要訣

龍穴為主，砂水為輔，龍觀其起，穴觀其止，有起自有脉行之來路，有來必有脉落之定止，其來若馳，其止若屍，死處又尋生，是名生氣，生氣則落脉，眞止之處，無非砂水界割環抱之使然也，葢觀其起處行度踴躍活動，大勢之交會團聚，其起不虛，其來不空，有此生成行度之眞龍，定結靜止之眞穴，曰龍看左右托。穴看左右落。砂看左右脚。水看左右約。明堂看四角。

三陽看城廓。龍要有正星。穴要有正名。砂要有正形。水要有正情。龍要有夾從。夾從龍身重。穴要有包裹。包裹穴無破。砂要有情意。情意則尊貴。水要有灣曲。灣曲大發福。若有眞止之穴、定有眞龍爲之主、砂水輔之、自然體用之相須也、凡山頭縮而仰者、穴在高頂、形面天也、山頭長而俯者、穴在山麓、勢趍地也、不仰不俯、穴在山腰、情結山中、臍上也、卜支於手、卜壠於足、亦此意也、

約、水聚也、約左穴左、約右穴右、四角團圓無鈌也、

三陽、穴前龍虎內爲一陽、案內爲二陽、朝內爲三

陽、

倒杖法

名曰倒杖、則係放棺之枕向、人從穴上身正立、杖指落脉何形象、陽落有窩、陰有脊、陰陽升降氣始貫、硬來穴向軟處、裁軟來穴向硬處相。陰來穴向陽中遷、陽來穴向陰中撞、內接來脉乘生氣、無閃無脫方無恙、外受堂氣迎朝、向無偏無倚方停當。兩氣旣已皆然得、却將其杖穴中放、陰脉強急則拖出、陽脉緩弱當聳上、左邊若動挨左邊、右邊若動右鑿擴、有氣爲生無氣死、棄死挨生處處葬、天心十道莫偏斜、緊於

下者寛于上、惟有淺深却無憑、雖將界水明堂量、界水若深深幾許、鑿壙深如界水様、莫把此言爲定則、還要眼力高低望、太急須防其鬬殺、太緩須防其氣絶、太低尤恐脫地脉、太高尤恐風掃蕩、太淺氣從棺下過、太深氣從棺上散、臨時機變在人爲、天命人工可易換、淺深界水無憑據、必須開穴驗生氣、生氣之形土色觀、儼如卵白包卵黄、似土非土、似石非石、紅黄光潤成五色、圓暈包容在其中、葬下榮華反掌得、問取此言如不信、但開假穴爲見證、穴中决無五色土、只有黄泥并石子、間或焦黄與青黑、定然鬆散無

顏色、此名散氣卽死氣、甃下其家反凌替、

倒杖者、定穴枕對之法、以極直四方之杖、長三尺、濶一寸八分、中間打一墨、以杖頭枕落脈小八字結毬簷硬軟交代之間、以杖尾穿到蝦鬚尾緊處爲向、若砂尾短、認到左右爲向、又用一橫杖定十字、安龍頭枕龍耳、然從上手執一線並額下手執一線並杖、準準對向收砂、及朝案端的、務要直墨、與上下線相對、然後用羅經、安於杖心定向、

眞正要訣

夫地之理。以生氣爲主。龍穴爲本。砂水爲末。不過山

水順逆之法。陰陽噓吸之氣。聚散分合之理。情性向背而已。且舉其要。無非取其祖宗聳拔。龍身活動。一起一伏。踴躍有力。斷而復斷。脫細無殺。愈博愈換。愈加嬌嫩。粗中復細。有雄雌。中心出脈。重重穿帳夾從纏護迎送過來。凡皆合度。不卦而吉也。書云但要坐下十分龍。縱少前砂亦尊貴。如文筆變爲畫筆之類。凡龍身帶者、我有也。

要識祖宗山

曰、龍則壯大飛躍、屈曲翩翩、高下之勢、有不可得而禦者矣、曰、脈則細小活動、入路斷續聯絡之形、有不

可得而扆者矣、曰、祖宗以次、各有配匹、博換、生傳、支派之義也、若大勢團聚、將止結穴、必然頓起一高山作母山、中心抽出一二節、穿帳結作、乃是大地、何也、葢母山近蔭、發福極快、根脉厚旺、故能悠久、然穴山多與母祖山同星辰、故曰生子生孫巧相似、正脉也、旁枝、結中等地也、若三四抽、離母不及蔭、小發而已、若抽出八九節、無力不結、必要穿田、再起母山、斯謂過水重興營寨、云云、衆山輻輳、百川同歸、華表捍門、云云、近帝、凡結大陽宅之龍、龍身去處、高山平地、各有陰地、古云、鷄鳴犬吠三分地、非有陽必有陰、平、皆自祖

山發也、凡到穴、必踏後龍三五節、認幹正偏、始知力量輕重、或正不結而支結、或於萌櫱皆結、枝枝開花、節節長芽、大以成大、小以成小、推之、

一峯獨峙、曰華表、兩山並聳、曰捍門、水口有此、大地也。簇簇高而員者、曰樓台、簇簇尖秀、曰鼓角、楊公以高尖爲樓台作朝、高員爲寶殿作蓋、并穴前後之山、方正秀麗有情、爲吉砂也、不必象形、

四獸聚

前後左右、帶來拱穴之山、左右非連、立武生者、名曰輔弼、借名龍虎、朱雀欲其翔舞、趨揖堂前、言特朝也、

元武欲其飛落、如鳳凰垂頭、分字分明、言降勢也、龍盤虎踞、龍高虎伏也、云云龍低虎勝非爲害、惟要星峯合吉形、又有龍强從龍、虎强從虎、然朱雀欲近、元武有呼必應、龍虎欲拱、元武如子弟之衛父兄、以類而聚也、

四水歸

元武水遶到堂、送龍水遶會堂、朱雀水送案到堂、天門水遶會四歸也、地戸緊、外陽秀、白屋公卿、

龍解

峻絕凌雲、往如波浪、又如馬之奔馳、趍落平洋、藏踪

閃跡、若藕斷絲牽、馬跡蛛絲、穿田過峽、石骨渡江、無形無影、其隱顯之神如此、單山崔嵬、如勒馬、發足如飛鷂。是謂天弧、頂發三山、俯伏如羣羊、發足如葭渡之橈棹、是爲天角、由天弧起嶠、博換天角、帶石巉岩、是謂身帶弓箭、祖山也、故山之高崇端重者、名曰龍樓寶殿。五星御屏、金曰寶蓋、木曰華蓋、土曰冠蓋、火曰炎蓋、水曰雲蓋、一峯名御屏、三峯曰三台、中出爲幹、旁發爲支、各有來峽、胎受續脉而過、有一節之峽、卽有一帳、所以蔽風、若峽寬舒、氣散、峽前不結、必再發前去、不可不察、太陰太陽、日月帷帳、屏風、貴峽、仙

橋、出神仙修養輩人、謂幹重枝輕、太山之下、初起爲少。龍、即老龍嫩枝腰結中龍、即停驛蓋藏車隱馬、多在中少。及兩水交流、至盡反收拾不得、遮攔不密、爲神顯而已、起伏之結、多在低處緩處、平受之穴、每多鋪毡展席、全在四應。托樂、仙帶屈曲、穴在大處急處、如不大不急、則以蓋穴扦之、既知出身行度、又當審其行止、眞訣詩曰、欲知眞龍住與行。尾身搖動不曾停。落時背後圓峯起。住處天然體化生。布爪張牙方出落。藏牙伏足已成形。蜂腰鶴膝龍成穴。天弧天角龍渡津。

凡化生腦、發在大八字上者是、若橫擔橫落、穴阡
貼脊、雖無化生腦、大八字脊下、亦有小八字、
凡山、俱要相生則吉、或自穴兝向後亦可、若後兝前、
必貼身之護兝其兝亦可、若無救遇此代卽跌過此
逢生又吉矣、連兝二節兼直硬、乃殺凶不用、大抵五
行貴中和、平洋無山。水遶則同。本身龍旺有手足。亦
不怕風。認水爲龍。水迴龍住丈山勝彼十丈百里平
坡。高一寸卽山。低一寸卽水。脈若琴背朱絃。待天雨、
驗其分水之脊。聚則脈止。此要訣也。又有天地人三
刼、刼去不回無美利、天刼乃是龍身去、地刼乃是穴

前嘴、人刼若是向中求、向上飛來必回視、有人識得三般刼、子子孫孫皆富貴、天刼須去却回來、回朝面前攔穴水、地刼須去有水橫、初下有災後有利、人刼遠朝須空濶、却要有情無別意、三刼如能辨得是、便識漏胎并泄氣、龍有漏胎泄氣者、皆從三刼推奧秘、問君刼、如何說、天刼欲去作地穴、已去又復分枝轉、攔在面前分優劣、水去五六里迂迴、悠悠揚揚去轉來、水要迂回山要轉、便知天刼不爲災、地刼穴前原有嘴、玄武扛屍正爲此、退田筆動土牛走、其時玄武長而已、雖長山水若橫攔、地刼翻然增福祉、人刼當

從向上求、面前空曠、要遠朝、雙雙直來、或橫抱、信知
人劫不爲殃、龍髓經中究至理、漏胎泄氣、從此耳、按
此要之聚、窩藏拱、龍住、觀其同異、大向小拜、大拜小
向、如衆大取小、衆短取長、衆卑獨尊之類、爲是、與衆
山同者庸耳、庸中變出特異者、超於衆也、至此則住
中必結、尋龍之訣也、其所以異者、與水會也、故山脉
見水則止、謂之雌雄交度、不得水、則爲失度、若得逆
水、回龍顧祖、或二三十里盡處逆回、得太祖水纏立
武、而發福悠長也、若盡處、再起蓋座、出脉、貴不可言、
或腰顧、或僅顧母山、穴後無大星辰、則次矣、若順水、

則取中出水山皆從雖順而形則逆就穴藏回龍之力哉

童山不生草木孩嬰無髮樣土色如灰若數月初兒皮肉未堅也

斷崩埳鑿斷與脫斷不同

石山焦壇麻壘鉏出火星固凶若主山端正石曜入相不尖射反背破碎巖壓而到頭入穴之石尖員方正瑩淨可愛必得土爲佳不拘大小雖得尺土亦可或脆石葢面下有氣土黃紅間白則是精英凝結至貴之石也

過山、山勢飛走、非斬關腰結之比也、
獨則直然一塊頑土、孤露無情、却有一等單獨壠、
近生鉗臂、遠有朝衛、得水纒護、似獨非獨也、又有
支龍、不生手足、一起一伏、金水行度、撒落平坡、兩
邊以水爲衛送養蔭、及其止也、雌雄交度、大江橫
朝、外陽縹緲、陰砂僅數寸、此又不可棄也、何也、得
水爲上、藏風次之、所以貴也、

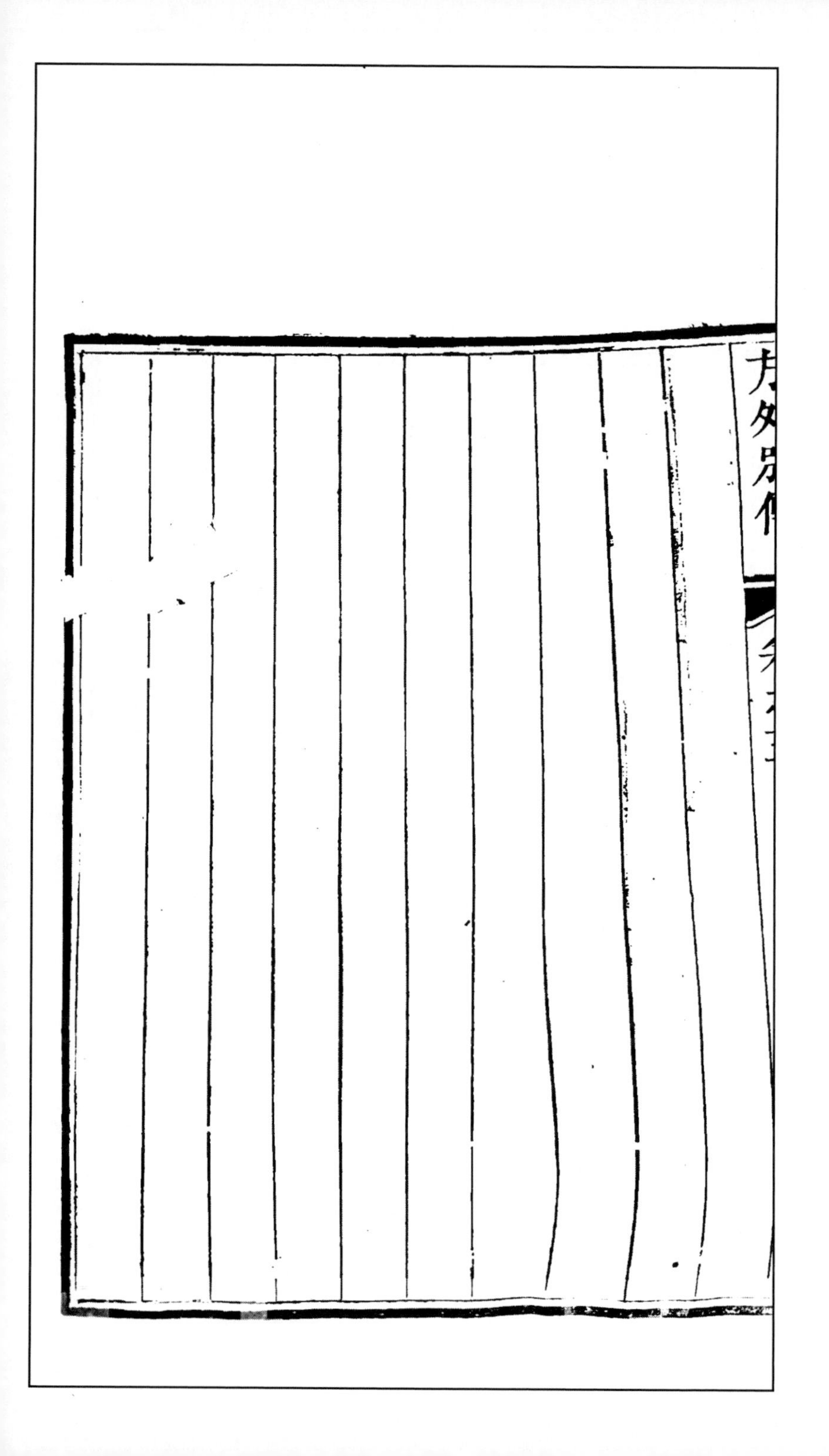

方外別傳

方外別傳卷之三

煦齋晴峯纂修
傅德臨
李玉書校
戴世懷

十不相

一不相粗頑醜石

二不相急水爭流

三不相窮源絕境

四不相單獨龍頭

五不相神前佛後

六不相宅墓休囚

七不相山崗撩亂

八不相風木悲愁

九不相坐下低軟

十不相龍虎尖頭

大要高山奇特異之峯平地起培塿之湧

穴解

語曰、塟乘生氣、夫脉顯而氣隱、最難認也、要明察其生死、脉之細小活動謂之生、粗大蠢硬謂之死、既知

生死、惟知生脈止處、旣知所止、卽氣止也、氣止、卽生
氣也、

外氣橫形。內氣止生。水隨氣至。見天地心。是脈之止
也。不自止。止於水也。氣之生也。不自生。生於水也。卽
外氣所以止內氣也。　界水則止。　氣界水止。　外
氣橫形。界水橫于脈下。則內氣止矣。　斯水也。蔭注
穴旁。陰流不濕。界割穴前。住而不去。此謂蔭腮金魚
水也。曰魚腮、下陽、界水、下合、合襟、割脚、小明堂、其名
有七、穴得此水、則內氣充滿、凝形壅凸圓暈、似金浮
坐水裡、一點眞氣之呈露也、曰蟹眼、毬簷、上陰、上分、

上圓臨頭、孩兒頭、其名亦七、魚腮之外、兩旁生兩垑路、微茫、而出碞高、蠏眼遮蔽、穴不被風、名曰蟬翼。此砂微茫、伸長環抱、魚腮交揖堂前、攔水合襟、但見魚腮之水界聚小明堂內、名曰蝦鬚。蝤翼、蝦鬚、揔爲帖砂也。蠏取眼、蝦取鬚、魚取腮、蝤取翼、皆因其形類穴形而取象之、以湊合成穴也。人能体察物類於微茫之間、細觀於彷彿依稀之際、則眞砂眞水發揚昭著、宛然在目矣。今予因取其象而發明之、彼蠏眼兩雎皆圓、舉動之時、兩睛突起雎外、斜分兩旁、附於殼背、宛若八字、殼背圓凈似金、卽穴道、所謂圓暈似金也。

兩睛突起、兩旁斜分、卽穴道、所謂八字上分也。旣如此卽夾脉之水、至此纏繞蝦眼而出、不得淋面矣、又名曰毬簷、毬員物也、取其圓上、其分水簷、卽屋簷也、其形下尖、兩水到簷前、便合尖也、取其下有合水、并三物之形、以狀穴耳、鑿穴於毬下簷上之乾處也。更明切於蝦目爲上、陰臨頭、孩兒頭、不言而諭矣、魚鰾龜也、其腮員而似金、觀其喫水入口、兩腮微動、湧開紋浪、環抱腮旁、圓而不缺、蔭穴乾流、不濕之水、形寔相類、取其穴上分之水、注穴兩旁、員如腮、界割簷脚、合於口前、止內氣也、惟脉氣之止住於水、宛若被水

橫截而不得過故增水合之名爲劄脚更明白於魚
腮焉所謂下陽下合界水合襟小明堂者可以自悟
矣到頭作穴雖形上圓下尖此論其常也至若葢穴
則順逆相混却翻倒上尖下圓之形又石中之穴只
看左右紋帶相護中有微微　不拘不合亦是眞氣
更有諸般巧穴奇怪結作殆不可執一拘也蝦遊水
上雖頭向前去其鬚細軟活動浮於水面灣回帖身
兩旁鬚尾尖利不折而穴之大小八字分兩㙮路而
出至尾輕薄尖利欄合穴前爲之蝦鬚砂
蟬有兩翼硬明生於外兩軟翼暗生於內而穴之大

小八字分龍虎、乃硬翼也。小八字分兩邊作帖身砂、乃軟翼也。是龍虎爲穴內之明肩、由上大八字分來者、上出明肩、貼身爲穴之暗翼、由下小八字分來者、下開暗翼。此皆正結之穴居多。若取穴兩邊龍虎及貼身之砂齊到、又難以槩取、必看一邊收砂收水有力、隨時取用、方爲活法。一貼身砂也、而狀以二物、曰蝦鬚、曰蟬翼者、何也。葢蟬翼專於蔽風、不能欄水、蝦鬚專於欄水、不能蔽風。今就穴中十字之兩旁貼身砂觀之、兩塍路微聳於蝦眼、則穴藏風矣。又就兩旁貼身之砂末觀之、微茫抱揖於界水之前、則水不泄

矣。即此而知蠏眼者、穴也、入穴無圓暈之金、不得為真穴。魚腮者、水也、輔穴無魚腮之水、則蝦眼不能以自顯。蝦鬚者、砂也、水外無此、則魚腮不能以自環。是蝦鬚包魚腮、魚腮包蠏眼。穴因水。水因砂。三者相須為用、有則俱有、無不獨無、豈容偏廢哉、

古人葬法、有乘金、相水、穴土、印木之妙。今之倒杖者、先須尋來脉到頭、以杖頭枕圓暈之蠏眼、是上乘金也。次察穴旁去水、以杖尾正到蝦鬚砂尾緊處、收兩旁腮水之合襟、是下相水也。三審穴旁貼身砂、以橫杖兩端、橫枕貼身砂微聳處、為蓋風之蟬翼、是旁蔭

木也。有眞水眞砂若此、則蠏眼之內、自然有軟硬交代、卽毬簷滴斷、平夷如掌處、爲天心十字堥口之中、人是穴中土也。地理生成有此四者自然之形。安堥眞訣、有乘金相水印木穴土一定之法。則是後倚來脉、前親合水、安龍頭、傍龍耳、謂之穿錢十字工夫、前正後正、左拱、右護、天心十字、一步移易不得、穴情始眞、若稍移一步、又似端正、卽穴不眞矣、龍分兩片穴三叉、一種根苗無二花、平正尖圓隨步有、也知此處少榮華、學者當自悟也、

印、應也、印木、謂兩旁貼身砂、高穴數寸、葢得穴不

值風吹似木之形、聳起兩肩之狀、太高則壓穴也、

砂解

蝦鬚蟹眼、乃証穴之眞砂也、或似有似無、或邊生邊死、邊强邊弱、皆是眞砂、當審其情意到穴、交與不交如何、要上寬下歛、攔得眞水歸身便是、然砂分二路、水的要到三叉、自外攔入方是眞穴眞砂、故以砂水交結爲上、貼身砂有三名、曰擎拳、曰插落、曰平過、擎拳者、如人坐拉拳、兩手伸前對合、如比拳樣、然入拉拳、則拳指俱兜入向內、微有灣抱收水之形、而不相射、此貼身之砂也、

平過者、貼身砂與穴平、僅能　能伸長過穴
前也
插落者、插過穴前攔水總之砂頭蔽風、砂尾收穴
蔭腮金魚水也、但插落之砂多出一邊、那一邊短
而模糊、惟取龍虎之砂湊合、兜得大勢之水上坟
而插落者、收本宮水也、此三例眞砂有一可証、乃
成眞穴
龍認眞時當認穴、穴中玄妙難備說、二五精英眞造
化、天命神工可改奪、來龍不論短與長、但看到頭之
一節、五星惟取土木金、名曰三吉為結穴、巒頭明淨

体豐肥。項圓身正始為奇。開𦝫展翅便結穴。身與衆山多各別。上開八字以遮風。下開八字以葢穴。大八字分龍虎合。界定龍脉無扯拽。小八字分穴下合。界定眞氣無滲洩。名曰大尸出小尸。定然穴從小尸出。上無分兮來不眞。內無生氣可融結。下無合兮止不明。外無堂氣可受接。上有分兮下有合。雌雄交度方成穴。眞穴天生自奇異。定有陰陽分窩突。陽來陰受窩中突。陰來陽受凸中窩。突中窩。突中復突是純陰。窩中復窩純陽出。孤陰不成陽不生。女無胎孕男無配。上陽下陰陰中遷。上陰下陽陽內藏。陰多陽少莫湊毬。陽

多陰少湊毬間陰陽平半中間取片陽片陰挨過陽
陰盛陽衰則就弱陽盛陰衰則就强動處爲生靜處
死挨死尋生生處裝點穴雖求識眞的當辟龍脉之
緩急龍急脉急氣又急毬急鬪殺人滅跡放棺避毬
而湊簷拖出毬外四五尺氣使臨頭不合脚眠乾就
濕眞法則氣急理合作虛粘疊土爲塋接來脉古鼎
烟消氣尚浮虛簷雨過聲猶滴龍緩脉緩氣亦緩毬
緩脫脉退財產放棺避簷而湊毬進入七寸急其緩
氣使合脚不臨頭仙傳穴法不虛擲撲面水底眞奇
異漏泄天機免疑惑舌尖堪下莫傷唇齒隙可仟休

動骨、龍急脉緩氣却急、湊急當鋒莖不得、未免鬪殺與刑冲、有禍來時救不及、亦須湊簷而避毬、拖出三尺緩其急、氣使臨頭又合脚、架折逆受氣耳入斜枕樂山不對頁、避鋒走殺回天力、龍緩脉急氣却緩、莖緩冷退如反掌、宜於稍急扦其穴、急緩相停方得訣亦須避簷而湊毬、進入五寸氣方接、此亦合脚不臨頭順來逆受非架折、又有陽多無窟突、只有微痕分界合、石住水底分紋浪合憑眼力方能决、坦然些子微微突、草蛇灰線難辨別、兩片蟬翼微茫砂界股蝦鬚微抱穴、此水有影却無形、突上分明突下合、點穴

只點水界間、上不可透下、莫脫、亦有陰多些些凹、如
酥入湯認不切、兩條牛角隱隱砂、夾得蝌眼穴中出、
此水有明無證佐、隱約盡處穴迎接、點穴既知挨窟
突、須知扯拽氣漏泄、龍虎兩臂要護衛、弗使漏泄並
吐舌、中乳若高龍虎低、露胎唾舌當檢點、莫言截去
便無妨、須知原跡無包藏、截乳必定傷來脉、鬪殺冲
形災禍廹、扯拽須知要妙訣、看他氣脉如何出、氣已
若袋入扯拽、雖扯袋內氣不泄、氣未入袋若扯拽扯
去袋內無些末、中乳若重龍虎輕、雖然扯拽氣猶存、
扯去氣少無他用、龍穴俱要有界合、設一不界氣卽

泄界穴設或不界龍還因去住未曾分界龍設或不界穴總然一片無分合界龍界穴兩無疑融融生氣穴居中有人塟乘生氣者富貴榮華定可隆內接生氣山也外接堂氣水也

塟法總論

龍穴砂水地之四科有來有止有分有合乘其所來塟其所止枕分金對合襟開井放棺只在隱然小小分合之中為塟尸之人中毬簷虬鬚入中難識天乙太乙界水蝦鬚有此證佐穴情眞矣曰三乂證佐眉目分明交流三摺則為門戶關閉中有吉穴生氣存

焉、有真砂必有三叉之水、有三叉水、必有真砂、其砂自外欄水上坟界割坟中生氣、如不欄不界、則生氣泄散、砂有左强右弱、右强左弱、亦在饒減之中、相山如相人、點穴如點艾、乃人身之動處皆血氣之營衛也、均可針穴、苟得其養、則血氣和暢、苟一處傷風傷濕、則血氣窒滯、旋生病痛、則甚法不可傷風濕也、人身動處以喻穴、穴固多矣、求點穴於人中、人中則無二焉、

人中難識、人之兩眉、如大八字、兩目、如小八字、中間垂至鼻頭、微起圓暈似金、隱然分水爲毬爲蝌眼口

乘金、即此圓暈也、鼻頭下、人中、及上唇、至口盡處為簷、簷上毬下、隱然合處平夷如掌、為天心十字之人中、破其人中、則壅入口中、內斯得一點眞陽之氣、緩毬急簷、大要眠於乾處、曰穴土、即穴此平土也、鼻頭兩旁微紋初發處外一邊皮肉、依紋抱護、微高、人中如木星、輔于兩肩、左為天乙、右為太乙、又名為蟬之旁軟翼障穴、衛風矣、曰印木、即旁應此木星也、人中兩微紋、為蔭腮金魚水、員而不缺、入口為水星魚腮水合於簷下、橫界於口、為小明堂、即界水也、水以界脉、外氣橫形、內氣止生、是脉見水即止、曰相水、即相

此界水也、法令末紋、兩旁微高、皮肉交揖脣下、宛若蝦鬚、上連蟬翼兜攔水合於堂前、而鼻頭圓毬中處、宛若蠏上分、眞氣凝結於隱然小合之內、界水、蝦鬚、微茫、交揖、此法令紋、外旁砂也、頭爲蟬翼障風、末爲蝦鬚尾攔水、總之一砂、而二名耳、如此、則埜法、前親水、後倚脉、安龍頭、枕龍耳、上不破圓下不出界、旁不破腮、順則腦貫、逆則耳入、

埜顖門、觀小兒頭骨未合時、明白法令微紋、觀老翁面皮皺紋可驗、安龍頭點穴、認其止枕龍耳、認左右山照應、若貼山過耳、後雖高而不照穴、是謂枕龍角

穴被風搖矣枕耳則吉枕角則凶也故樂山不問本
客護翼高底惟要有此無此則被風吹樂左穴左樂
右穴右樂在後穴宜高左右並有穴居中遠依近短
依長少取多以樂而推一定不移樂在此斷穴在此
住過則風搖太高則壓穴主凶左壓歸右右壓歸左
前高穴後後高穴低四維山水平穴居中最畏高樂
壓穴也予且謂其樂高者隔穴山遠亦可當在變通
落不落但看蝦鬚蟹眼交襟角來不來但看金魚水
蔭腮眞不眞蟹眼蝦鬚穴救貧有來無合終無合有
合無來還有來取穴之法重於此要訣也雖曰到頭

只認合、然穴情多端、正側俯仰、同合而異情、或有大八字而無小八字者、或有小八字而無大八字者、或不拘分合、而有眞氣者、或大脉透頂、而有大穴者、若未玩古書、未証古坟、雖明、終不能裁剪、要以考勘坟書、庶無差悞、諸般奇形怪穴、全在目力精察、其倒杖枕對、棄生就死、淺深之宜、隨變通焉、不可一概泥視、倒杖之法、要看脉從何來、坐下氣從何出、大凡出正結、總有大小八字、分三路、謂之三龍、要中間一脉落處細認斷滴、便是小八字、毬簷圓處爲陰、下有兩邊蝦鬚水、送到脉下交合、謂之毬口、尖處爲陽、正出者、

上有三分謂之三陰從天降下有三合謂之三陽自地升穴之俯者上取三分毬簷斷處立一標準下取第一合水坐處立一標準將一線立於兩準之上便知深淺定向之法外將一杖從兩邊魚腮水量處深淺相去五尺則深五尺如得一丈亦如之穴若仰者却將一杖從小明堂正中立一標準以一線繫毬簷標準之上却將下標準線與上線牽來平過爲定依前尺寸同式定了又將一線横牽兩邊魚腮起發落水處下約二尺兩邊各立標準便是十字開壙要在十字之中便是枕龍耳之法若高了一尺傷龍爛了

上節低了一尺傷穴爛了下截先定高低尺寸又看情分厚薄倒杖放棺正枕毬簷不鬪不脫若偏歸左則左邊黑爛偏歸右則右邊黑爛

凡正出正結要三合入手止處爲一合雌雄交護爲二合龍虎交合爲三合側出之穴亦有一股陰流腮水送到脉盡處合者亦有股明股暗者亦有一片三叉者側出之穴多是逆來順取倒杖放棺亦要枕得毬簷之正然後畧撥棺脚三分正對一片先到陰流腮水住處隱然爲的中正不必饒減自有饒減也切不可取脉之盡處餘氣爲向此大謬矣凡側穴要認

那邊是生、那邊是死、必要枕生就死、然正側二穴、皆有前親後倚、但是生死二字不同、後倚者、要知厚薄棺頭正枕毬簷、不鬬不脫、謂之後倚、棺脚要相二水合處、要知生死爲的、中正無偏者、謂之前親、但有一等小小圓金結穴、多是上尖下圓、上聚下散、此乃截金頭枕金頂、乃是葢穴、不必饒減、却要順下圓峯之後、更要來脉細小、金頭微微突起員金、若是腦平、便爲氣散、不成地也、若上聚之穴、雖無二水小明堂、却是陰陽相交、順逆相混、要看左右裁剪、只是開井放棺、若於毬簷下二尺、用工掘開、不可太深、恐壞爛了

下半截棺、然葢穴、名爲塞桶漏、經云、緩時不怕扦絕
頂、急時不怕甃沉泥、倒杖精通切憑十字、裁剪掩土
之法、葢穴、作坟宜短、不宜長、明堂要兜起、若不兜坟、
太長、主退田園、中長死絕、

粘穴、宜堆起墓後、以接來脉、宜圓不宜長、長主養屍、
不發達耳、

倚穴、要作圓圈、如馬蹄樣、明堂要一字、若不圈斷、勢來廹促、太傷、是爲鬬殺、爲扛屍入屋、主少亡重重官事、

撞穴、宜閉口不可開、如囊之滿、亦要打開吞入、不可長、墓脊前、只作員爲吉、若脊前主退田園、長小打横公事、又斷截之法、多在龍腰、却要上下脚同、若不同、名爲天刼、坟宜短不宜長、長恐兩邊

遮藏不過長小先死人物見傷

論陰陽生死緩急强弱順逆

來如劍脊覆掌右雌爲陰强 如仰掌鋪毡右雄爲陽弱 脉中小而活爲生大而蠢爲死 如脉來太急又且雄强或山勢峻急氣脉廹逼宜就小絕處畧入些放棺以待其氣此等法也 如上面腦平脉來太緩宜掘入脉以接其氣此迎法也緩則必迎之否則氣從下而過謂脫脉也急則必等之否則氣從上而過謂鬬殺也 浮者爲强强與陰字同脉抛起如蜂疸有氣力浮者爲强强住處用正毬下 沉者爲弱與陽

字同、沉浮抛起、陸續不斷、沉者爲弱、弱住處、就架折下、

仔細看住處、是強與弱、倘是強處住、就弱處架折下、倘是弱處住、就強處正毬下、不必饒減氣從頂入、又看大口出小口、大口是大鴉鉗、小口是氣止脉盡處、亦要察其明暗、放棉要食明處、穴之淺深、必以合水爲度以定之、

其脉來泰勇猛、不可鬪、鬪則傷龍、主瘟瘽絕滅、當架折下之、則吉也、

此就脉上論順逆、却加饒減、如剝花接木然、脉從右來、左邊放、來左來右放、饒減不過一二分、太多

則又倒了、謂之傷穴、
十二名穴、依法裁截、開井放棺、用倒杖訣、葢粘依撞、
斬截鈎墜、挨倂斜插、正毬架折、來去順逆、生死强弱、
得師口訣、不壞骨殖、木根不生、虫蟻不入、下手口訣、
立穴之法、內乘生氣、外接堂氣、氣行地中、乘風則散、
界水則止、
勢來形止之地、不問山谷平坦、必有大小明堂、方爲
受氣之地、上聚、取圓暈處、打開作穴、不可見脚、下取
其旺氣、以沾雨露、若脚下出見中房、冷退之患、斜穴
者用工多、是正身粗大、却要尋手脚、下軟處安穴、多

是挨金剪火、却要略略打開、横作坟墓、只要五尺土數明堂要開槽、直去取水以殺火氣朝貧暮富、若不開槽、驚瘟火後却發福、

插穴者、多插肩騎趸法、又名插筆、下用工打開、吐出一二尺作坟、横剪脫殺、却要兜起明堂、坟頭宜短、左右回顧、在懷抱之中、方可迁也、

點穴法　陰陽神水蔭魚腮兩畔相乂凝不開、金井不齊錢眼對、水紋中正杖頭裁、到頭已有雌雄合、入手須將順逆推、有人會得詩中意、九天玄女再生來、

左插先到右入手、右插先到左入手、兩邊無插以何憑、看頭到頭左右口、

先到者、在內之砂也作穴須看何邊砂首尾先插於穴前、若左砂先到、則右入手裁穴收左砂之尾、以為向對、右亦如之、又要看口、口左、穴居左、口在右、穴居右、或龍有力、則倚左扦、虎有力、則倚右扦、夫先到在內者、收本宮水也而後到在外之砂、總收大勢水也、若兩邊無插、則扦穴、惟到口中耳、

論羅紋土宿

點穴天機尋水路、且要羅紋固、羅紋不固穴不眞、虗假不堪親、第一文星覆金碗、隱隱堂氣煖、第二文星仰掌窩、隱隱好基窠、第三迴廻螺殼旋、坡坦微茫見、

第四粼粼生鉄壁、釘塔藏踪跡、第五微微馬蹄窩、金盤杯底座、第六窩窩燕子窠、伏卵處成凹、第七螺螄開腌路、不怕金剛肚、第八先須無界水、忽地浮漚起、第九依稀界送訛、悶側有盤窩、第十癰泡珍塊生、不怕面前繃、十一横斜金斗卩、唧柴串前後、十二寛平卩潤開、十字要唧柴、羅紋須是土宿証、後樂登前應、穴穴要此二星明、方可表眞情、第一土星梳云月、人首眞奇絶、第二品字聳成山、富貴有何難、第三到頭横五尺、一品文章格、第四出面覆金鐘、富貴結錢龍、第五巍巍天冠様、入受臨頭上、第六明堂尊貴人、壓

穴貴難名、第七明暗寒蟬翼、兩肩左右出、第八長短耀魚鬐、夾脊兩邊隨、第九葬穴長拖舌、中出缺二字第十貼脊蝌腌形、依俯自然成、十一隨身如斷柞、斷處堪裁取、十二抵脊來撞頭、掘鑿一場休、羅紋土縮來證穴、富貴無休歇、

土宿者、紫太木旺之精微也、仙師俯察之妙、界合之外、別出此旨、宜詳味、

羅謂受穴下錐之所、微露脉絡、隱若旋螺泡漚、細觀則有、慢視則無、曰羅紋、最忌延蔓不明、

土爲鎮星、中處端停、四獸尊拱、曰土宿、最忌靡委

不勇。穴穴要此二星印証。非此不成。然微妙難見。
細意求之。理自分明。横看壁立直指。斜膺妙悟及
此。方點眞穴。
入受生微翅。基窩若旋螺。剪裁分左右。堂氣聚融
和。
曲直横斜金斗口。天心十道正唧柴。回望其依稀
彷彿不必泥其刻畫太眞。又要横看。脉落一路宛
若壁面而下。殊無東扯西拽。其來始專。然後立明
堂。回看直指到頭脉。若肌膚八字分明。如此入首。
定有下合。分合旣眞。羅紋土宿。自應乎手中矣。

大凡先認穴星次看來脈如眞眞穴須有四應証佐正官入路分明方可下手四應者上面化生腦爲後應三叉口爲前應兩邊小堘路爲左右應取左右明白便是眞穴又要分別到頭陰陽脊爲陰仰爲陽水明爲陽暗爲陰氣脈從大八字下看來不問陰陽皆一般体認兩邊必有蝦鬚水痕股明股暗交送氣脈下來謂雌雄交會到小八字下看他陰陽配與不配不配者却無十字水分兩邊配者却有十字水從兩邊送歸毬簷塟尸之內名爲出殺水不問陰陽强弱放棺皆用饒減架折塟之則名爲拂耳也十字水下要

兩股水抱尖圓處、是標準所在、要仔細辨認十字何邊明暗、陰要取明、陽要取暗、認得眞、便是左右𡑞口、或是陰脈落穴、看何邊水明、放棺或饒一二分、枕過水明邊去、借陽氣一噓、其氣方生、此陰來陽受、或陽脈落穴者、何邊水暗、或減一二分、枕歸水暗處、借陰氣一吸、其氣方成、此陽來陰受、正所謂陽一噓、而萬物生、陰一吸、而萬物成也、

有一等不分陰陽、却分厚薄、𡑞法與前不同、以厚處爲生、薄處爲死、放棺枕歸厚處、出死挨生、所謂情分兩處、穴到三义、

又有陰脉、來到小八字下、不分十字水、此謂陰陽配
歸正宫一路、謂之夫婦同行、亦不必問陰陽强弱、放
棺皆要正毬、名拂頂也、若是强弱順逆能分明、乃地
仙也、或有單股雙股、聚氣散氣、亦要明堂深粤、
凡雙脉者、從大八字下、有兩條氣脉、直送到毬簷上、
中間一條水路、直流到　圓處名曰竹篙溜正爲雙
脉也、雖有雙脉、亦必有穴到三乂者爲眞、無三乂者
則爲假穴、只看何脉長短、陰脉從短處到來、棺枕短
處、若是兩股俱到、必有大小、就小處正宫是息、兩邊
浮露淺深、取第一合水爲憑、以蹇之、

單脉爲梗、兩邊無小塍路、爲之單脉也、却要化生腦
上鷄跡落來、到穴有三乂十字水、若無亦不成、放棺
只就實處迎之、明處則爲實也、
有貼脊者、雖無化生腦、大八字下、必有小八字、亦要
看有脉無脉、有脉者謂之死肉、名曰聚氣、聚則不行、
要掘去毬簷、湊入三乂下放棺、正取其氣、不去則氣
不來、謂之離脉、蟻入無脉者謂之散氣、則爲生肌、散
則氣行、却不可去其毬簷、去則傷龍不成、只就毬簷
放棺、待其氣脉、

橫擔橫落無龍雖壟有龍

貼脊穴也、要看有脉無脉、貼脊下穴、是有穴矣、學者多疑、故曰、無脉無龍、論大体也、今指出死肉生肌、乃塟法之精髓也、何疑之有、

或有平湖融結、諸陽聚處、淺深與衆不同、高一寸爲山、低一寸爲水、開穴放棺、要知淺深之法、陰者取第二合水爲憑、陽者取第三合水爲實、塟之

或有側穴、却分順逆出脉、與前塟法不同、則看龍從何來、脉從何出、若右來右出、是隨龍出脉、放棺枕左、若左云云、則枕右也、曰順中取逆、右來左出穴右、左來右出穴左、曰逆中取順也、順取逆爲饒龍、逆取順爲

減虎、
或玄武嘴長、有斜正之脉、亦有説焉、先看氣脉從何處來、下面氣脉從何處合、合處則是坐向、或上面氣脉正來作穴、下面合水、或閃歸左右結穴、交會到此、橫鑿其壙、去其玄武、名曰轉柴鬭斧、决無饒減、雖不饒借、其氣亦耳入、或上面氣脉來到斜側、下面合水正交會、則隨正合開壙、不可饒借、有斜正出脉、同一辨認、或曲脉作穴、要貼其曲路、則看尖圓動與不動、或閃左則枕左、閃右則枕右、切要認眞、只如轉柴鬭斧、却不成矣、

又一等孤陰孤陽、亦要辨認陰穴、雖有脉如劒脊、兩邊無蝦鬚水、交送氣脉下來、獨陰不成、陽穴雖脉如仰掌落穴、兩邊或有兩水、俱明送脉、或無水送來作穴、獨陽不生、又辨分合、有此、則陰陽交度眞穴矣、冇分合者可、雖有分無合、亦是虛假、　上是陽本弱不敢放出、奈緣土皮下性來頗急、要放棺出些、以待其息也、此天　機巧術矣、

蠻肤上單股水、不可太蠢、太蠢亦不成矣、必有蝦鬚蟹眼單股水、繞蟹眼下來、那兩邊必有微微水痕交送蟹眼到三叉、此是微茫、决無節包梗塊之脉、有此、

即蠻肤也、多是齊口蚌蛤口、必循草蛇灰線、必辨認其來路、併左右壅口分明、方是、或有蠻肤上出鉗口、䫄梳齒、却無單股水、有三五七條水路、方爲的對、此是正毬之法、壅無饒減、又看水不問正側、皆有或太陽、太陰水穴、或章光、紅旗水穴、皆一般体認、雖無包節珠乳、從大八字下看來、四水皆合聚於毬簷之上、謂之人中水、只以此立準、下面必有堧水爲定向、上爲臨頭、下爲割腳、乃陰陽配合、歸於一路、放棺須用正毬、此爲眠乾坐濕之義也、

陰脉爲强急露而不隱、天氣下降、棺與氣脉相接、取第一合水爲淺深、乃毬簷塟口內分來下合者、此就虛乘胎之義、若取第二合水、則氣從上過、蟻自下起、陽脉爲弱、乳珠沉細、或如仰掌、隐而不露、從下生上、地氣上騰、放棺取第二合水爲深淺、乃小八字分來下合者、此就實乘其虛也、不可以二合水做明堂、此謂埋金法、若以一合安塟、則氣從下過、蟻從蓋入、故曰淺深得乘、風水自成、第三合是向大八字水來下合也、

塟穴不問陰陽、總取第一合塟口之毬簷內、斟酌急

緩放送、非定穴於墪口內水下合處也、特開井淺深陰並一合、則隱然墪口內之一合水坐處也、陽並二合、卽貼身砂內金龜水合處也、此陽井、以第二合水爲淺深矣、不可取坐明堂、此謂埋金法者、但開井放棺明白、只用土堆、培于墪口內棺位之上、不可開明堂也、然棺底旣與二合水相合、可以收得矣、不必明堂也、況陽脉弱、須留穴前餘氣、以包藏穴內之氣、方能結作、若開明堂、則傷損餘氣、終於不振、予於二法、質之素矣、

來到三乂處、相隔毬簷二三尺、不來何以接之、曰陰

脉來到三乂處、不來此爲性寛、陰本強、不敢湊入、奈原氣散、湊入毬簷接氣、或陰脉、到毬簷上止、又出一二尺放棺、待其氣脉、陽脉隔二三尺、不來、掘入毬簷、接到氣盡處放棺、待其息也、或陽脉來緊、亦要湊到毬簷、

詩括

到頭一訣少人知、八字分明爲定期、看取三乂偏正落、兩邊墘路要來齊、此處蝦鬚交氣脉、雌雄相會定根基、切認到頭十字水、有明有暗不須疑、若論葬法有玄妙、寛緊之中仔細推、虛實陰陽分造化、到頭十

字少人知、或無十字如何塟、開井放棺頂氣吹、强弱
更兼明順逆、師仙明得此天機、雙脉教君枕短邊、若
還齊到何邊扦、看他一脉微微小、枕歸此處作牛眠、
若逢單脉如何塟、放棺挨實便爲先、斜側教君正放
棺、或然生脚那邊安、直看坐下三交水、向歸此處樂
山端、曲脉教君粘曲路、穴中眞認緊和寬、任是橫斜
并閃側、放棺須要枕尖圓、露而不隱爲陰降、隱而不
露是陽騰、一淺一深如得法、會教富貴定功名、合深
塟深氣上過、合淺塟深淺氣下行、陽者塟深陰塟淺、縱
教吉地福還輕、穴金粗蠢是蠻肤、眞認蝦鬚氣乳珠、

若出節包并梗塊時師休要用心圖或是覩梳鉗面出隨地水路取工夫此是正來正甃者若能明透是仙徒

節者大八字下分三路出左右兩邊各出一路起塊疸而小四畔水相團到小八字下出中間一路水亦相團到尸上是也

梗者大八字脊上下來脉硬直到尸上無小八字不洋無梗名爲臨頭割脚

塊者大八字出一塊其形圓大而高四畔水相圍聚不散到尸如水爲圍則三箇四箇俱皆不成只二箇

名爲水團、其氣最短、
珠者、大八字下、出珠、細而員成串、四畔水相團、到小
八字下、亦水團口、
乳者、大八字下、出如乳、而稍長垂、如草上露珠、欲落
不落、如滴大八字必出三箇、字小八字只出一箇、乃
似犁頭嘴有合尖、
金义下水、此脉無大八字、只從化生腦下破面而來、
直到口上、
太陽金、兩脚齊方、出八中破面水、高山有、平地無、
鑾肤上出單股水、定走珠而下、其氣最長、一畔水來、

一畔亦須水慢送到小八字、仍有水相抱到口、雖有蛤口、亦看他脉脚長短若兩脚一般長、取中直撞、若股長股短、則取短處如屈指様、全在詳認定饒减分數口鼻訣、

口鼻訣

凡看口、有側口、有齊口、　隨地而出、不可一例而推、側口、郎左右口、來得急時饒二分、齊口、正塟無饒减、蚌蛤口、取一邊塟、明梳胭正塟一邊、饒三分、山平者、毬簷下塟、看口來、　山高者、凑上口內塟、淺深以合爲定、

若放棺倒杖、以杖頭定口內饒減處、以棺平枕對着、不離分寸、但以爲憑、萬無一失、

夫陰者、吸而聚也、此窩中之突、枕而實、故曰毬脈、必急、陽包乎陰、陰已吸其氣、故用接法、就突上放棺者也、

夫陽者、噓而散也、此突中之窩、浮而虛、故曰簷脈、必緩、陰包乎陽、陽已噓其氣、故用迎法、就窩中放棺者也、此乃天地交通、陰陽會合、豈易知之、

多見有來無合而成地、何如、曰、有來者生、無合、下面雖無窩、定有口、曰禾鍬口、錢鑿口、鴉鉗口、平地毬簷

何別、曰草蛇灰線、分水聚氣之中、便是臨頭失影、何
別、曰休問八字上面來勢分曉、下面証佐、或唇或口、
爲眞穴也、浮沉聚散何如、曰浮、節包珠乳、沉、來不來、
落不落、仰掌平坡、聚則盡處交會、氣不散行、散者、入
穴不合、蕩面黨裙也、

何謂關門壁上窺燈影、曰平受之穴、如掌心窩中水
聚交、不流動、鎖斷其氣、便不散行、云者、仰身看上面
脉分、必生翅翼、如燈穿壁上、輕薄如動、自有高低、何
謂石居水底生紋淚、有石氣入穴、看左右紋帶相護、
略有微微、不拘不合、是眞穴窩突者、四面有陰流水、

界斷不須疑、氣不來、亦眞穴也

何謂火向灰中自見紅、高山落平田脉、皆火嘴盡處、開鉗、名曰暗火開紅、

何謂吞、但遇開口有窩、有湊毬簷下也、

何謂吐、脉似覆掌劍脊、趖要脫離毬簷下二三尺、下穴爲吐、

何謂窗外月明窗內白、田穴上有來、下有合、出脉脫細、前面田塍兜轉如帶灣月拱、分在本身、合出於外也、

何謂水邊花發水中紅、高山落平地、遇池水湖邊、名

曰天開龍池、切要來脉突起、下無合聚、開井深與湖並、氣方蓄聚、然穴無合、謂之獨陰不成、借此太陽之影、合成陰陽結穴、必池内四季有水則可、否則爲孤陰也、

何謂雪裡飄梅、凡平地無大勢、龍虎最怕向北、所謂南枝煖、北枝寒、平處本是八風搖動、若受北風地冷無氣、謂之雪鎖寒梅、不爲吉地、喜向東南、有前案方妙、或四平有墩、穿心𥫗穴、亦曰雪裡飄梅、

何謂浪花滚月、平地歲久成田、來勢一層低一層、如浪下灘、細尋前面水勢回環、兩畔田如月角兜轉、是

結穴處也

凡有騎龍斬關之穴、要身上微脉、從一邊抽過逆轉回兜、自成關截、穴前宛若兒童騎竹馬之狀、馬頭兜起、不見兩脚垂落、兩耳灣抱、不見兩旁來去、是穴內小明堂窩局停住、坐下穩貼、方可斬穴於關、向雖騎龍何傷哉、大勢之水橫抱、朝案有情、使盡處無穴、力量亦重焉、回龍顧祖之穴、龍勢急硬過峽生齁[illegible]跌斷、回脉結作顧祖迎堂、宗族皆轉朝揖玄微、不必拘于眞與不眞、穴宜高迁深開金井、謂之黃金登水墓登砂是矣、

又有打開之法、乃太陽頑金、殊無紋浪、打開深壙作窩鉗、取中堂金龟定穴、懸棺而葬、的取中心溫潤之氣、謂之開金見水、雖發遲而綿遠、不敗也、若金星不開窩、則惟一代發財、二代便出寡母持家、守兒家道退矣、

圓滿金星、固取腹中臍心之穴、 梭子娥眉、取金角合在何邊、剪裁勿差、月之盈虧、精爽聚於兩角、 覆月取其鐘氣之所、尤要看正脉窩突、金魚水也、

半月金星、號紫薇、瘦中取肉、肥取飢、 又有金星無脉、開口便是、葬畢、窩中堆一突、宛如生成、不要拜臺

壘塚之法、來龍有蓋有座、上急下緩、爲之墜脉、所以平地生突、突中生凹、不可掘鑿、以借外城淺開金井、浮棺正甃、壘土成坟、先富後貴也、

懸棺之法、尤急不緩、有分有合、穴結深泥、打開實土、成壙懸棺、前接金池、放三摺之水、累坟接氣、象土金相生、牛紀而大發福、此乃沉泥侵水之穴、凡盡陰盡陽之穴、與別樣不同、其盡陰口內有餘氣者、如生龟尾、死鱉背、不可傷、龍去、則不成穴矣、坐下亦不可見之、爲殺而生禍矣、故曰不可見殺、不可去殺、留殺養穴、乃陽口、若此宜去、不去氣不來、蓋陽脉坦緩、若餘

氣出見爲吐舌、盡陽眞穴、必去此而穴佳、不然、是盜
我口中氣矣、安可作穴乎、
壟法重於有合、若星辰透頂、大脉到毬簷下、有凹、坐
下有微茫砂搭、皆有結穴、
或陰脉陽脉、或落平田、無大勢龍虎、無分水、只上面
田塍來勢、垂角垂突、下來有尖嘴正佐、凡此之類、到
頭有口、更有屈指口者、不問分合、便是眞穴、只看出
口爲定點穴、要對口中裁也、若弓彎弩滿、架箭東西
偏穴、雖壟東西、皆不離有口也、至於鑿壙、又須量十
字長短廣狹、或可合壙、壟二三棺、或可單壙、或僅可

死棺、皆宜斟酌、若當大壙而小埋者、氣全而盛、尚得受用、亦能發達、但不大耳、當小埋而大壙者、氣損而傷、安能爲蔭、斯謂穴吉葬凶也、惟　木星高聳、有天地人扞太陽金亦同、　土星橫濶有三台、有左右中之穴、然三停者、皆要頭平坦、坐下穩貼、高不見落低、低不見高壓、中穴只見頭正唇圓、方可取用、若無天人之穴、而葬上中未聚之處、則謂傷龍、三台者、到頭各有前唇、俱有後樂、收拾托護、端正無偏、若無旁結而扞、則土星無倚穴、是傷穴也、

夫穴有蓋、粘、倚、撞、　蓋、高也　粘、低也　倚、偏也、

撞中停也隨結而裁非强也强則傷龍穴不可不審也　金本有四穴　土星惟蓋撞火星有粘撞水星惟撞而已

又曰寧傷穴莫傷龍龍脉來　如水之注穴乘其止如水之聚若於未聚之處順躉其氣冲而過故曰傷龍其骨殖必壞爛而微赤必主枉死少年大凶傷穴無氣主冷退或當撞而倚當毬而挨故曰傷穴此躉法最宜詳慎當以生死强弱轉跌走閃去來爲体放送迎接饒減急緩挑搭爲用体用兼得轉貧作富當急而緩富貴難取當緩而急瘟瘴定發太急則敗絕

也淺深之法當以金銀爐底爲喻無餘蘊矣寧可脫脈而就氣不可脫氣而就脈若有氣与脈脈從氣氣生有脈与氣氣從脈化是故

脈爲陽氣爲陰有陰与陽陽從陰生有陽与陰陰從陽化夫一陰生離一陽生坎陰中有陽陽中有陰三陰生坤三陽生乾乾爲父坤爲母陽本在上陰本在下兌生震陽氣上騰震生兌陰氣下降陰陽交際五行生焉萬物成焉蓋子午爲陰陽之正極卯酉爲陰陽之横樞是以午離生艮子坎生巽陽從陰生陰從陽化元氣居子午囊括四方包羅萬狀故主其正者以針定五行得其本二十四氣

得其体靜斯動動斯靜、四時行、百物生、爲術之士、

不可不知、

葢口立微、　教君說仔細搜、　怪形異穴用心求、

斜斜側側兼端正、　說與時師秘密留、

穴凡裁處勸君莫誤、乘其所來、葢其所住、更有虛穴、

與君眞說、鐘唇鑊圈、其穴莫扦、鎗頭覆鍾、穴搖八風、

狗皺蛇盤、葢後與瘟、鋸床箭箕、穴忌水池、如梳如箭、

穴忌山脚、直木死鰍、穴忌水流、禾鰍泥壁、勸君莫憶、

無窩無突、勸君莫掘、無脉無息、勸君休覓、魚尾擺開、

看後倚前、親之勢、虹腰雙下、認橫仟直、就之情、莫道

無頭無面、橫看其踪、休言是木是金、動中取穴順受逆受、何拘對定、於天心旁求正求、猶在消詳于龍虎橫擔橫落、無龍却壟有龍直下直扦、有氣要安無氣橫山湊脊處曰鬬脊、直山扦柔處曰入簷、

八大仙訣

提鞭須隱節、被刺要離根、反手粘高骨、
冲天打顖門、側裁如把傘、平䙡合提盆、
攞出情難緩、橫飛勢合翻、有人通此意、
便是呂才孫、

抛接迎就粘綴量折　八法

抛者、脈抛出外、就水城下之謂、客有情而就客、

接者、鑿接來脈、謂主有力則就主、

迎者、主客相迎、迎回受脈也

就者、客就主也、

粘者、舍主低下就客也、

綴者、高而淺也、比粘而綴、則湊實脈也、

量者、四應均平、中正取穴、

折者、折左右證對也、

有節者、非抛也、抛即投也、

刺者、孤陰之脈、殺氣太重、須脫殺下之、曰離根也、

高骨者、掌後骨也、

冲天者、高也、如金木土、若主脉短順下、葢穴曰顖門、

折者、架折逆下也、

平盆者、掌心也、

攞者、須凑急也、

横翻者、直下也、

穴是神仙穴、　龍分厚薄身、　脉來分左右、

勢落定君臣、　扁大臨弦出、　雄粗帶側循、

打尖休動骨、　點額要粘唇、　急緩隨形使、

高低着意親、　五直宜横下、　三停妙影尋、

腕籃扞鼠肉、側耳定龍心、牛[illegible]彷牽水

魚腮要合心、玄微天意惜、舉世絕知音、

陰自天生根於陽也、故脉上尖下大其口也必尖、

陽從地出根於陰也、故脉上大下小其出口也必員、

後之觀脉、不必問其何如、陰脉尖浮於表、陽脉

員沉於裡、一定之法也、又推之突沉細、衆高一低者、

脉浮凹粗、重、衆低一高者、脉沉、

板存京都西单牌

樓興隆街立誠堂

書名：地理方外別傳
副題：心一堂術數珍本古籍叢刊 堪輿類三
作者：〔清〕熙齋上人

主編、責任編輯：陳劍聰
心一堂術數珍本古籍叢刊編校小組：陳劍聰 素聞 梁松盛 鄒偉才 虛白盧主

出版：心一堂有限公司
出版社地址：香港九龍尖沙咀東麼地道六十三號好時中心LG 六十一
門市：香港九龍尖沙咀東麼地道六十三號好時中心LG 六十一
電話號碼：(852)2781-3722
傳真號碼：(852)2214-8777
網址：http://www.sunyata.cc
電郵：sunyatabook@gmail.com
心一堂術數珍本古籍叢刊網上論壇 http://bbs.sunyata.cc/

版次：二零一一年十一月初版
平裝

定價：港幣 一百六十八元正
人民幣 一百六十八元正
新台幣 六百七十元正

國際書號：ISBN 978-988-8058-84-6

香港及海外發行：利源書報社
地址：香港新界荃灣德士古道220-248號荃灣工業中心1609-1616室
電話號碼：(852)2381-8251
傳真號碼：(852)2397-1519

台灣發行：秀威資訊科技股份有限公司
地址：台灣台北市內湖區瑞光路七十六巷六十五號一樓
電話號碼：(886)2796-3638
傳真號碼：(886)2796-1377
網路書店：www.govbooks.com.tw
經銷：易可數位行銷股份有限公司
地址：新北市新店區中正路542之3號4樓
電話號碼：(886)82191500
傳真號碼：(886)82193383
網址：http://ecorebooks.pixnet.net/blog

中國大陸發行・零售：心一堂書店
深圳地址：中國深圳羅湖立新路六號東門博雅負一層零零八號
電話號碼：(86)0755-82224934
北京地址：中國北京東城區雍和宮大街四十號
心一堂網上書店：http://book.sunyata.cc